传承·探索·创新

徐州市特殊教育学校
建校70年

赵锡安 李之刚 / 主编

中国出版集团 现代出版社

图书在版编目(CIP)数据

传承·探索·创新：徐州市特殊教育学校建校70年 /
赵锡安，李之刚主编. — 北京：现代出版社，2020.10

ISBN 978-7-5143-8901-2

Ⅰ.①传… Ⅱ.①赵…②李… Ⅲ.①徐州市特殊教
育学校—校史 Ⅳ.①G769.285.33

中国版本图书馆CIP数据核字（2020）第194026号

传承·探索·创新：徐州市特殊教育学校建校70年

作　　者	赵锡安　李之刚
责任编辑	徐　芬
出版发行	现代出版社
地　　址	北京市安定门外安华里504号
邮政编码	100011
电　　话	010-64267325　64245264
网　　址	www.1980xd.com
电子邮箱	xiandai@cnpitc.com.cn
印　　制	北京政采印刷服务有限公司
开　　本	710mm×1000mm　1/16
印　　张	13
字　　数	234千
版　　次	2022年6月第1版　2022年6月第1次印刷
书　　号	ISBN 978-7-5143-8901-2
定　　价	45.00元

编　委　会

序 言 |

　　徐州市特殊教育学校已经走过了70年的光辉历程。随着共和国前进的步伐，徐州特教人励精图治、发愤图强，迎着困难、向着挑战，不断发展壮大。

　　徐州市的特殊教育起始于聋哑教育，它从无到有、由弱到强，创造了令人振奋的成就。从艰苦岁月、拨乱反正、调整整顿、深化改革到稳步、快速、健康地发展，我们看到了徐州市特殊教育学校的特殊教育工作者为徐州市特殊教育学校的建设与发展倾注了心血和汗水，大家一起经历了艰苦岁月的磨难，也分享着走向辉煌的欢欣和喜悦。

　　这本志书旨在回顾徐州市特殊教育学校的办学历史，总结70年来的办学经验，展示徐州市特殊教育学校70年来艰苦创业、教书育人的辉煌成就，以期激励来者，催人奋进，通力合作，为振兴徐州的特殊教育而努力奋斗。

　　翻开这本浓缩着徐州市特殊教育学校发展历史的志书，可以看到无数有识之士扶残助残的功绩，浓缩着一个又一个爱的故事。正因为有了大家辛勤的努力，才使学校成为今日全省乃至全国特教学校的排头兵、领跑者，成为徐州教育的珍贵品牌。

　　这本书按照历史的顺序，以翔实的史料反映了70年来徐州市特殊教育学校各个时期的历史面貌。学校从无到有，发展壮大，现在已经成为徐州市和淮海经济区规模最大的特殊教育学校。这是徐州市特殊教育学校全体教育工作者70年辛勤耕耘、躬身践行的结晶，也是我们向学校70年华诞献上的一份丰厚礼物。

　　颇具规模的徐州市特殊教育学校，在它的背后是风雨和泥泞，是一代代学子的恒守与追求……无论是昨天的简陋校区还是今天的崭新校园，弹奏的都是永远的爱和青春的旋律，不变的都是全校师生奋发向上、锲而不舍的开拓精神。我们将奋力创新，传承70年建校历史，书写徐州特殊教育的辉煌历史，探索徐州的特殊教育创新之路；我们将继续深化改革，促进特殊教育可持续发展。

70年的丰厚积淀，70年的辉煌历程，70年的发展历程告诉我们，锐意进取，深化教育改革是学校发展的动力，只有坚持发展不动摇，坚持改革不动摇，才是特殊教育事业的根本出路。当然，我们不能停留在过去取得的成绩之上，我们有信心再用几年时间，将特殊教育事业做强、做精，形成自己独特的品牌，成为全国特殊教育的领跑者。

"路曼曼其修远兮，吾将上下而求索。"展望未来，学校任重而道远。我们坚信，在上级领导的正确带领下，在社会各界的大力支持下，将进一步发扬艰苦创业、负重前行、勇争一流的精神，增强改革发展意识，拓展创新优势，为把学校早日办成能与国际接轨的国家级特殊教育实验学校而继续拼搏。徐州市特殊教育学校也将一如既往地发挥聪明才智，朝着既定目标前进，去谱写徐州特殊教育的华美乐章。

徐州市特殊教育学校校长　李之刚

2020年9月10日

前　言 |

　　徐州市特殊教育学校已经走过了70年的光辉历程。70年来，徐州市特殊教育学校始终坚持贯彻党的大政方针，从秉承"平等、共享、人道、博爱"的办学理念，到以"尊重生命尊严，创造生命价值"为办学目标，再到今日"以物质文化建设为依托，以精神文化建设为核心"的办学思路，我校大力开拓创新，努力探索特殊教育发展的新模式，通过不懈努力，实现了办学规模与内涵建设的同步飞跃。

　　本书以70年为线索，较完整地记录了徐州市特殊教育学校的发展历程。本书以史志的形式记录了徐州市特殊教育学校的发展历史：从聋哑私塾、私立新华聋哑小学、徐州市聋哑学校、铜山聋哑学校、铜山县第二聋哑学校、徐州市特殊教育中心到徐州市特殊教育学校，这是广大特殊教育工作者锐意进取、勇于改革，为建设美丽校园、提升办学质量、为社会培养需要的人才做贡献的最好证明。

　　中华人民共和国成立以来，国家重视特殊教育的发展，出台了一系列法律法规，这些法律法规都规定了"残疾人教育是国家教育事业的组成部分"，都为特殊教育的发展和残疾儿童少年接受教育提供了法律依据。我校在发展特殊教育的道路上，解放思想、深化改革、不断进取、科学规划、持续发展成为发展的核心所在。

　　随着时代的进步和发展，我校的办学水平得到明显提升，办学规模不断扩大，目前已成为徐州市特殊教育师资力量最为雄厚、功能最为完善的十二年一贯制的特教学校。在办学体系上也已发展成为集聋教育、盲教育、融合教育、职业教育与康复教育于一体的特教教育体系，成为全国办学规模较大的特教学校之一。

　　在建设过程中，学校积极争取上级支持，努力改善办学条件，学校占地面积达到51亩，先后投资2000多万元建设了康复大楼、职教大楼、塑胶操场，改扩建了学校食堂、浴室、篮球场，添置了现代化的办公设备，校园环境得到了进一步绿化美化，师生的办公、学习、生活条件得到了很大改善。

在教育教学改革过程中，深化教改实验，努力形成自己的教学优势。学校探索出了一套以平等为基础、以学生为中心、以活动为平台、以参与为手段、以共享为指导、以和谐为目标的特殊教育教学体系，协调优化各种教育因素，逐步形成了"教育康复并重、体育艺术齐鸣、普特融合交流"的办学特色，使残疾学生得到适宜、和谐的发展。

为编写好《传承·探索·创新：徐州市特殊教育学校建校70年》这本书，学校成立了编委会，多次召开会议讨论，编写人员查阅了大量资料，走访了曾经在学校工作过的老领导、老教师和毕业于我校的部分老校友。本着对历史负责的态度，编委会认真进行了审稿，筛选来自各方面的信息，为本书的编写付出了艰辛的劳动，在此一并表示感谢。由于学校多次搬迁、合并，人员变动很大，因此这本志书的讹误和遗漏之处在所难免，恳请学校师生员工、校友及读者给予补充、指正。

目 录|

第一章 聋盲教育的发展历程

第二章 学校管理与运行机制

第三章 党团组织

第四章　教师干部队伍

第五章　学生的教育与管理

第六章　交流与合作

第七章 徐州市特殊教育学校发展的作用

第 一 章

聋盲教育的发展历程

　　1949年，中华人民共和国的诞生开创了新中国教育的新时代，同时也开创了特殊教育的新时代，徐州的聋教育也就此诞生并得到了社会的认可。徐州的特殊教育是从聋人创办的私立学校开始的。徐州聋人创办聋哑学校在全国起步较早，受到了社会的广泛重视。从聋教育的发展历史可以看出，徐州的聋教育事业是在人民政府的大力支持下，在社会各界的广泛重视下得以发展前进的。

一、徐州市特殊教育学校发展综述

　　新中国成立后，教育事业逐步走上正轨。1951年，政务院总理周恩来签署了《关于学制改革的决定》，要求在发展各级各类普通教育的同时，"各级人民政府并应设立聋哑、盲目等特种学校，对生理上有缺陷的儿童、青年和成人，施以教育"。文件把特殊教育纳入国民教育的轨道，彻底改变了1949年前把特殊教育纳入社会教育与文化馆、特殊馆同类的做法。

　　徐州市的聋教育源远流长，最早可上溯到1949年新中国成立前的个人办学雏形，出现了聋教育的萌芽。1950年，聋人郑斯立创办了徐州市聋哑私塾；1953年改为徐州市私立新华聋哑小学；1956年，徐州市教育局正式接管徐州市私立新华聋哑小学，更名为徐州市聋哑学校；1984年9月，徐州市人民政府批文更名为徐州市第一聋哑学校，定为科级单位；1989年4月恢复徐州市聋哑学校校名。

　　铜山聋哑学校于1976年由徐州地区教育局批准建立，地处原铜山县大庙乡，为当时徐州地区两所聋哑学校之一。1958年至1983年，徐州地区（原称徐州专区，1970年改称徐州地区）管辖苏北八县：赣榆（今连云港市赣榆区）、东海、新沂（今新沂市）、邳县（今邳州市）、丰县、沛县、睢宁、铜山。徐州地区教育局按照徐州地区县区分布情况，将聋哑学生就学范围分成东西两个部分，规定东海聋哑学校负责赣榆、东海、新沂、邳县东部四县招生，铜山聋哑学校负责铜山、睢宁、丰县、沛县西部四县招生。

铜山县第二聋哑学校由铜山县人民政府批准建立，于1989年8月开始筹建，位于铜山县拾屯乡铜山县教学仪器厂内。1996年7月，铜山县两所聋哑学校合并，更名为铜山县聋哑学校。

2000年，《徐州市人民政府座谈会纪要》将徐州市聋哑学校和铜山县聋哑学校合并，更名为徐州市特殊教育中心，鉴于合并中出现的市县管理问题，仍保留铜山县聋哑学校现存体制。2012年在徐州市、铜山县两级人民政府的积极协调下，学校完成各项合并手续后，铜山县聋哑学校不复存在。

徐州市特殊教育学校坐落于徐州北郊两汉文化旅游区，占地面积33089平方米，建筑面积26757平方米，绿化面积14890平方米。到2020年，共有51个班级、859名学生。其中，聋部10个班级，共145人；融合部16个班级，共350人；盲部12个班级，共112人；康复部7个班级，共90名学生；幼儿园6个班级，共162名学生。今天的学校已经成为集学前康复教育、融合教育、九年聋盲义务教育、职业中专及高中教育于一体的特殊教育中心学校。

二、徐州市聋哑学校（1950—1999年）

（一）徐州市聋哑私塾

中国的聋教育事业已经有100多年历史，徐州市私人创办聋哑学校在全国起步较早，也有70年的历史。1949年3月，南京聋人卞少卿来访徐州，其目的是想在徐州为创建聋哑学校物色人选。当他得知被誉为"哑道人"的聋人郑斯立在徐州聋人中有一定的影响和威望时，便到郑斯立家中拜访。交谈中，卞少卿说他热爱聋教育事业，为聋人学习文化知识牵线搭桥，已经创办了南京、合肥、扬州三所聋哑学校，当得知徐州的聋人郑斯立也想为聋教育做些事情时，便建议郑斯立在徐州创办一所聋哑学校。郑斯立同意卞少卿的建议，当即请人代写了一份要求创办聋哑学校的呈文，报徐州市人民政府审批。1949年5月，市政府和市教育局都批准了郑斯立办学的要求。为筹集办学经费，经市政府批准又在社会上进行募捐，筹到了部分经费，购买了黑板、粉笔、簿本等教学用品。

1950年6月，徐州市教育局鼓励郑斯立及其妻子马文贞尽快把聋哑学校建起来，郑斯立夫妇立即着手准备，将自己家的住房腾出来进行必要的整修，于1950年9月开办了徐州市聋哑私塾。徐州市聋哑私塾位于徐州市户部山户东一巷16号，为3间瓦房，包括房前院落，占地面积不足100平方米，教室、住房、伙房都在这3间屋内。1950年开班时招收了4个学生，1951年增加至6人，1952年再增加6人，1953年达到13人。学生一律实行走读，中午在学校吃一顿午餐，炊事员由马文贞兼任。

（二）徐州市私立新华聋哑小学

1953年9月，徐州市聋哑私塾改名为徐州市私立新华聋哑小学，并在徐州市教育局正式备案。学校负责人为郑斯立，教学及事务性工作由郑斯立、马文贞二人共同负责，学生所缴学费由二人支配使用。

到1954年，学生已增至25人，学生数量的增多使郑斯立、马文贞不能胜任教学及其他各项工作，于是从上海请来一位名叫顾关元的聋人到校担任教师，每月薪酬30元，工资从学费收入中支付。1956年7月，顾关元返回上海工作。当时学生已增至30人，课程设置以看图识字、算术为主，并教授自己创编的手势语。

实践证明，由聋哑人办聋哑学校，造就了一批自食其力的聋哑人，这个意义是巨大的，应当给予充分的肯定。在新中国成立初期这个起步阶段，办学出现了不少问题和困难，但郑斯立都坚持了下来，这是难能可贵的。由于郑斯立本身是聋哑人，文化水平不高，因此聋哑学校发展还需要组建高素质、高水平的师资队伍，这是学校进一步发展的方向，也为今后学校的发展提供了更为广阔的空间。

（三）政府接管学校

1956年9月，徐州市教育局正式接管徐州市私立新华聋哑小学，改名为徐州市聋哑学校，校址暂时仍设在郑斯立家中。党和政府接管学校，彻底改变了学校的私立性质。接管后及时组织力量修缮校舍、添置设备、选派教师，使学校的面貌为之一新。为解决师资力量的不足，徐州市教育局从南京市聋哑学校的毕业生中请来聋哑学生杨平章到校担任教师。

随着教育事业的发展，党和政府越来越重视聋哑教育事业。1957年4月25日，教育部发出《关于办好盲童学校、聋哑学校的几点指示》，内容包括两个部分：①盲校和聋哑学校的基本任务和几项规定。指出盲校和聋哑学校的基本任务是培养盲童和聋哑儿童具有一定的劳动职业技能，并且具有共产主义道德品质，使他们成为积极的自觉的社会主义建设者和保卫者。规定两类特殊教育学校的修业年限、入学年龄、班级人数和人员编制等。②工作方针和几项主要工作。提出当时盲教育和聋教育的工作方针是：整顿巩固、逐步发展、改革教学、提高质量。主要工作为：搞好盲校、聋哑学校的教学改革，改变绝大部分盲校和聋哑学校缺乏必需的教学设备的状况，采取多种措施提高师资的政治、文化和业务水平，补充新教师，将盲教育、聋教育分开设置，对聋生实行分类教学，加强教育行政部门对盲校和聋哑学校的领导。

为贯彻教育部有关文件精神，徐州市教育局于1958年4月选调朱锡科到徐州市聋哑学校担任教导主任，主持学校全面工作。根据国家有关文件及聋教育的实际情况，课程设置也逐步齐全。

从徐州市教育局接管后直到1958年4月，学校只有3名教职工，在校学生30人左右，8月部分聋哑学生毕业后，全部由徐州市民政局分配到福利厂工作。由于聋哑学生的出路得到解决，得到家长们的欢迎，受到社会广泛关注，需要读书的聋哑儿童越来越多，为此学校实行了招生制度。当年聋哑儿童新入学人数达到13人，原来的校址已经明显不够使用。

在徐州市教育局的支持下，学校于1959年1月迁址至徐州市建国东路138号（原徐州市聋哑人协会旧址），大部分为平房，部分为两层，面积约600平方米，设有教室4间，木工室1间，以及学生、职工宿舍等。1959年2月，学校创办人郑斯立调离学校，去民艺工厂锦旗车间当工人，于1979年2月病故。

1959年至1964年，学校调入刘玉容、熊青平、石振玉、朱椿年、厉爱华5位教师，学校教职工增至7人，学生人数38人。学校共有6个年级，开设语文、数学、体育、图画等课程。低年级主要为口语教学，手语使用《聋哑人通用手语草图》以及徐州、南京等地方手语。根据教育部指示精神，除学习文化知识外，学校还开设了木工、缝纫两门职业课程。

在聋哑私塾办学期间，学校所收的聋哑学生均为徐州当地户籍。1963

年，学校根据教育部等五部有关文件的通知以及江苏省有关指示精神，扩大了徐州市聋哑学校的招生范围，除招收市区聋哑学生外，还代收徐州地区8个县以及新海连市、淮阴地区北部等江苏北部的聋哑学生，解决了上述地区聋哑学生的上学问题。从1976年开始，因连云港及淮阴地区开始兴办聋哑学校，根据徐州地区教育局决定，徐州地区八县的学生由东海聋哑学校和铜山聋哑学校招收，徐州市聋哑学校只招收徐州市区（含贾汪区）及郊区的聋哑学生。

（四）迁址建校

随着教育事业的发展，特殊教育事业受到了重视。为进一步加强对学校的领导，徐州市教育局于1965年7月选派党员干部夏自谦到学校工作，担任副校长，同时又调进陈洪英等4名教职工，教职工人数达到11人，学生人数达到85人。到1966年，学校教职工已经达到15人，此时学校初具规模。从1956年接管学校到1964年的8年间，徐州市聋哑学校按照国家的教育方针，培养了德智体全面发展的新一代聋哑学生，一批有经验的老师也成长起来，学校开始步入稳定发展时期。

由于学校扩大了招生范围，现有的校舍不能满足教学需求，已经超负荷运转，不能进行正常的教学活动，现有的校址也不适合继续办学。基于这种情况，学校向上级申请重新选择校址、兴建教室、扩大学校面积。在市教育局的直接关怀和有关部门的支持下，1965年学校迁至徐州市北郊李窝（原徐州市民政局院内）。新校址占地11000平方米，16亩左右。学校由副校长夏自谦主持工作。

根据聋哑学校的办学要求，学校对原有住房进行了重新设计，经过维修整理，学校初具规模。教学用房、行政用房、师生宿舍基本齐全，还设有操场、鱼塘、农场等适合进行体育锻炼和职业技术活动的场所。由于地处郊区，师生全部住校。

1964年8月，为解决苏北地区聋哑儿童少年上学难的问题，根据江苏省教育厅指示精神，徐州市聋哑学校招生范围扩大到徐州地区所辖八县、新海连市及淮阴地区北部，同时学制改为十年制，学生毕业后具有高小文化水平。

到1965年，学校共有7个年级，开设语文、数学、图画、体育及职业课。根据聋哑学生的生理和心理特点，结合他们劳动的特点，职业课利用原有的农田种植蔬菜及农作物，当年种植的蔬菜已经能够自给。

（五）发展时期

由于学校远离市区，交通不便，生活受到影响，师生意见很大，因此强烈要求学校向市区搬迁。1967年4月，学校搬迁至徐州市淮海西路47号（原基督教堂处），这里的房舍由礼堂、舞台和附属建筑及院落组成，占地面积1786平方米。为适应教学需要，结合实际情况，用房只能将原来附属的平房及礼堂等简单隔开使用，礼堂二楼作为女生宿舍和教工宿舍。此时，设置8个班，学生总数达到120余人。

由于不符合办学要求，徐州市教育局决定再迁校址，并提出了三个地点供学校选定。1972年5月，经学校主要领导人夏自谦选定，学校搬迁至徐州南郊三官庙村北，占地1068平方米。后学校又扩建了北院，改了校门，面积增至22000平方米，此时徐州市聋哑学校已经达到历史上的最大规模。1976年学校百废待兴，学生渴望知识，希望教育振兴。1978年各项政策得到落实，学校恢复了正常的工作秩序，同时制定了各项规章制度，教育教学工作顺序展开。党的十一届三中全会做出了将党的工作重点转移到社会主义现代化建设上来的决定，师生素质有了明显提升，教育教学质量有了显著提高，学校出现了建校以来从没有过的大好形势。

师生们认识到只有改变原有的面貌，才能把自己的学校建设好。而教学质量的提高更加鼓舞了全校师生员工的工作、学习热情，全校师生不等不靠，发扬勤俭办学的精神，自力更生、艰苦奋斗，为改变学校面貌出力流汗。学校建立了花木基地，铺设了水泥路，建成了花坛、假山、喷泉、竹林、花廊，使学校面貌焕然一新，成为花园式学校，被评为市局绿化先进单位。

1982年通过的《中华人民共和国宪法》第四十五条规定："国家和社会帮助安排盲、聋哑和其他有残疾的公民的劳动、生活和教育。"这为徐州市聋教育的发展提供了法律依据。在市政府的大力支持下，残疾儿童入学率大大提高，教学效果也日益显著。

1982年12月，江苏省特殊教育研究会第二届年会在徐州市聋哑学校召开，江苏省教育厅相关领导及全省特殊教育学校代表参加了会议。学校领导在大会上作了《我校是如何开展职业教育》的典型发言，学校教师还上了语文、数学、律动、美术等公开课，代表们对学校的工作特别是职业教育给予了好评。1984年江苏省聋哑学校职业技术教育成果展览在南京举行，学校组织师生制作的职业技术成果参加了展出。

20世纪80年代改革开放初期，学校开始落实各项政策，建立健全各项规章制度，各项工作都得到恢复。学校加强教学研究，重视提高教学质量，教育教学及管理工作朝着正规化的方向迈进。1985年，为庆祝第一个教师节，学校为30年教龄的老教师颁发教龄荣誉证书。1986年，根据上级文件精神，学校推行校长选任责任制、教师定编聘任制和工作岗位责任制，在一定程度上调动了教职工的积极性。由于学校工作突出，1985年学校被徐州市委、市人民政府评为"徐州市文明单位"。

1. 等级评估促改观

根据徐州市义务教育阶段"八五"规划的要求，徐州市特殊教育要建立一批上等级上水平的特教学校。由于徐州市特教学校大多处于新建和发展阶段，加上经济等方面的原因，因此"八五"规划的前两年发展速度较慢。根据这一情况，在"八五"规划的后三年，市教育部门下大力气挖掘潜力，多方争取社会支持，使特教学校的办学条件有了明显改观。

1994年7月，徐州市人民政府教育督导室下发《关于督评市聋校等4所特教学校的通知》（徐教督〔1994〕07号）。该通知指出：根据江苏省教委（苏教督〔1993〕21号）文件精神，1994年将对徐州市聋哑学校等4所特教学校进行督导评估，以促进学校进一步贯彻教育方针，按特教规律办学，加强学校管理，提高办学水平；同时探索特殊教育学校的办学标准和督评路子，积累经验，在实践中培训督导人员，以便尽快建立和完善对特殊教育学校的督导评估制度。

为推动徐州市特殊教育事业的发展，促进徐州市特殊教育学校向规范化、科学化方向迈进，从1994年10月开始，将对全市特教学校进行办学水平等级评估。1994年10月11日，徐州市教育督导室和徐州市教育局依据江苏省教委颁发的《江苏省特殊教育学校评估方案（试行）》，对徐州市聋哑学校进行了全面、认真的办学水平等级评估。通过评估可以看出，特教学校的管理水平、教科研水平和办学条件都有了很大改观，涌现出一批办学条件好、师资水平高、管理规范的特教学校。

（1）取得的主要成绩

①认真贯彻教育方针，积极探索特殊教育规律

徐州市聋哑学校在工作中认真贯彻教育方针，实施《义务教育法》和《残疾人保障法》，坚持两个文明一起抓，把教育方针和有关法律法规作为制订学校工作计划、开展各项工作的指导思想和依据。学校针对聋生的生理特点和心理特点，对聋生实施德、智、体全面教育，努力提高聋生的整体素质，使之成为残而不废的社会合格劳动者和建设人才。

②结合当地实际抓好教育教学改革

首先，注意抓好德育工作。学校建立健全了德育机构，认真贯彻《小学生德育纲要》和《中学生德育大纲》，力求思想工作经常化、养成教育规范化、学生活动系列化和生活管理军事化。学校对学生认真进行思想教育，并抓好班风及教室、宿舍、校园的文化建设，同部队、工厂进行共建活动，使思想教育具有针对性。

其次，进行了教学方法的改革。在教学中，教师注重提倡口语教学，手口并重，重点发展书面语言的教学方法。为提高学生的理解能力，教师们坚持直观教学，重视个别化教育，按聋生的残余听力进行分层教学，使每位学生都较好地学到了知识。

最后，抓好职业教育。根据聋生的特点和本校的实际，学校坚持开设职业技术教育课，现已形成以缝纫、美术工艺等为主体的职业技术项目，基本做到师资、基地、教材、经费四落实。通过对毕业生的跟踪调查表明，职业技术教育是有成效的。

③加强领导班子和教师队伍建设

学校加强领导班子和教师队伍建设，搞好各项管理工作。学校领导班子十分重视自身建设，几位校领导有较强的事业心，为自己制定了"小立法"，经常召开民主生活会，现已基本形成团结协调、勇于进取的领导核心，中层领导工作各负其责，任劳任怨，一心扑在工作上，效果十分显著。

学校还十分注意师资队伍建设，努力提高教师的文化素质和教学水平。学校制订了教师的业务培训和文化进修计划、青年教师和中老年教师的结对子计划，制定优质课评比标准等，并取得了显著成效。学校的骨干教师还走出去为兄弟学校进行业务辅导，努力把其他学校的教学经验融入自己的教学

实践之中，使教学水平不断提高。

在抓好领导班子建设和教师队伍建设的基础上，学校健全了管理机构，制定了教师、学生、宿舍、食堂、门卫等一系列规章制度，通过较严格的管理，保证了政令畅通。各处室分工协作，学校呈现出欣欣向荣的景象。

（2）几点建议

要进一步加强特殊教育的教科研工作。目前徐州市各县（市、区）均建立了聋哑学校，市聋哑学校要积极发挥主导作用。为此要努力探索聋教育教学新路子，跟上飞跃发展的形势。从学校提供的材料来看，在报纸杂志及省以上媒体、会议上发表、交流的论文还比较少，教学模式还停留在传统型上，要积极进行分层教学的研究、职业教育新课题的研究、发展聋生书面语言的研究等。

充分利用学校现有设备搞好教育教学工作。根据国家有关特殊教育学校的仪器配备目录，学校还应逐步添置部分适合聋生使用的仪器；除此之外，还要添置电教设备、新图书、康复器械、电脑等。要充分利用好学校现有的设备，不能只购不用。学校图书管理较好，但新书较少，学生借阅图书的人次也不多。

做好聋生身体素质的跟踪调查。根据学校提供的资料，1993年对聋生身体进行全面检查，其身高、体重、胸围、肺活量等方面未能接近同龄学生的水平，应及时和家长取得联系，努力改善聋生的伙食，适当增加营养，并加强体育训练等有利于聋生生长发育的活动。

加强学校的勤工俭学工作。搞好勤工俭学工作是改善办学条件和改善师生生活的重要保证。现学校仅有承包的服装厂和挂牌的小厂，每年为学校创收的利润很少。因此要加强这方面的工作，努力使校办工厂多创利润，进一步改善学校的办学条件。

2. 发挥中心学校的作用

1997年4月24日至25日，徐州市教育局召开了全市特殊教育工作会议。会议总结了全市特殊教育"八五"以来取得的主要经验，并对"九五"期间的工作提出了要求，要求"九五"期间要狠抓办学条件改善和学校管理，办好骨干学校，形成特殊教育网络。

为进一步发展徐州市特殊教育事业，充分发挥徐州市聋哑学校的中心学校作用，1998年5月，徐州市教育局下发了《关于徐州市聋哑学校加挂徐州市特殊教育中心学校校牌的通知》（徐教127号文件），要求徐州市聋哑学校根据全市残疾儿童少年的需要设置学前康复部、聋生部、盲生部和职业高中部，在完成教学任务的同时，作为全市特殊教育中心学校应对全市特殊教育教学工作、科研工作、师资培训工作和信息交流工作发挥指导、辅导、示范和中心作用。

徐州市特殊教育中心学校挂牌以后，专门召开会议研究中心学校的职责和任务，利用开展公开课、教研活动、送课下乡等形式帮助其他特殊教育学校青年教师尽快成长。

3. 等级评估上水平

20世纪90年代，国家制定了一系列特殊教育的法律法规，大力发展特殊教育，特殊教育学校的管理体制日益完善。

为了创建一批高质量、现代化、有特色的特殊教育学校，根据徐州市特殊教育学校办学水平第二轮等级评估计划的安排，1998年12月8日至9日，徐州市教委组织初教处和各县（市）聋哑学校校长组成评估组，依据《江苏省特殊教育学校基本实现现代化（试行）》的文件精神和评估方案，对徐州市聋哑学校进行了评估验收。

评估组认为，徐州市聋哑学校是一所教育思想端正、办学方向明确、校园环境优美、师资水平优良、教育质量较高、办学特色明显、在徐州市特殊教育界有影响的特殊教育中心学校。具体表现在以下几个方面。

（1）有一个热爱特殊教育事业、乐于奉献的领导集体

学校认真贯彻执行党的教育方针，坚持社会主义办学方向，按照特殊教育规律办事。学校坚持集体领导，团结合作，乐于奉献。通过教师问卷、家长座谈和个别访谈可以看出，绝大多数教职工对学校充满感情，信任领导，集体功能发挥得较好，工作成绩较为突出。

（2）有一支勤勤恳恳、任劳任怨、事业心强的教师队伍

① 教师队伍年轻化

学校现有专任教师42人，学历全部达标；大专以上学历占全体教师的42.3%，经过专业培训的人数逐年增多。为适应特教需要，学校专门配备了电教管理人员。教师中，中青年教师占大多数，为学校的进一步发展增添了活力。

②教师队伍具有强烈的敬业精神

学校教师大多数刻苦钻研、上进心强，他们接受新事物快，基本功比较扎实。评估组听课16节，其中优秀课11节，占听课节数的69%；良好课5节，占听课节数的31%。抽查了10位教师的备课，其中优秀教案7人，占抽查教案的70%。教师队伍事业心强，能够关心学生。从学生问卷和家长问卷中可以看出，60%以上的学生认为老师对他们是关心的，70%以上的学生认为老师经常帮助差生、辅导同学，60%以上的学生认为老师能够对学生进行耐心的批评教育，没有发现体罚或变相体罚学生的现象。

③教师的业务水平不断提高

加强师资队伍建设，不断提高教育质量是发展特教事业的关键所在。学校青年教师很多，因此加强了对青年教师队伍的建设，通过教研活动、理论学习和外出参观，一批青年教师脱颖而出。目前学校教师大多数能胜任本学科的教学工作，具有良好的教学基本功。各学科均有骨干教师，教学骨干在全市有比较大的影响。

1996年，首届江苏省特殊教育学校青年教师教学基本功比赛在常州举行，青年教师靳军获得聋人组一等奖，1997年7月随江苏省特殊教育考察团赴加拿大布劳克大学进修学习。学校狠抓教师业务水平提高，组织教师参加各种业务活动，教育教学质量不断提高，在1998年全省聋哑学校质量抽测中，学校语文成绩位居全市第一，数学成绩也居领先地位。

（3）有一个适合残疾儿童成长的环境

①校园环境优美

学校校园面积22000平方米，生均面积近130平方米；绿化面积8000平方米，生均绿化面积47平方米，绿化覆盖率达37%以上。教学区、活动区、生活区等布局合理，互不干扰。校园内绿树鲜花相映成趣，教学区和生活区整洁卫生。

②校舍建筑面积符合要求

学校总面积5960平方米，生均面积30平方米，符合省定标准。根据需要还设置了职技室、律动室、实验室、阅览室、音像室、多功能室、家政室、教育现代化信息室、健身房等。学校环境育人气氛浓厚，校舍美观大方。从生活设施来看，学生宿舍公寓化，达到较高的水平。学校还建有200米环形塑胶跑道，按规定配足配齐了体育器材。食堂、浴室、厕所等符合要求，能够满足师生生活需要。

（4）有较高的管理水平

① 学校认真加强管理，努力规范办学行为，坚持民主管理、依法治校，并充分发挥档案资料指导工作的作用。学校注意用现代化手段来管理各种信息。在管理方法上，实现党支部领导下的校长负责制，强化分层管理，形成同心协力的决策指挥系统。

② 狠抓教学常规落实，努力抓好教学管理。一是抓教学常规的学习考核，保证教学"五认真"（即认真备课、认真上课、认真批改作业、认真辅导、认真检测）得以落实；二是充分发挥电教设备的优势，努力实现教学手段现代化；三是强化教育教学研究，促进教育教学质量提高；四是以培养青年教师为核心，多渠道提高教师业务素质。据不完全统计，有近10篇论文在省级以上刊物发表。

（5）有比较满意的教育质量

评估组通过各项活动看出，大多数学生精神饱满、文明礼貌。抽测表明，思想品德及格率100%，四至六年级语文、数学合格率100%，体育达标率100%。学校兴趣小组根据聋童的特点开展形式多样的活动，书法、绘画作品有百余幅获国家级奖项。学校重视学生的视力保护，学生双眼视力在5.0以上的达到90%。学生的思想品德素质、劳动素质、身体心理素质均达到规定要求。从家长问卷来看，大多数家长对聋哑学校的教育质量比较满意。

根据省教委对现代化特教学校的办学要求和评估方案，针对徐州市聋哑学校的实际和下一阶段工作的要求，评估组提出如下建议：

① 进一步改善办学条件。近两年来，学校在加强现代化建设方面做了大量工作，但对照评估方案，尚有部分缺口，如应根据聋童的特点设置个别语训室、听力检测室、耳膜制作室，配备专职听力检测人员和助听设备维修人员。学校应根据聋童的特点，进一步规划好校园文化建设，按照"五化"（即标准化、系统化、数字化、改进化、创新化）要求，创造良好的文化氛围。

② 进一步落实素质教育，促进学生全面发展。1998年教委提出：从"五个好"（即好品德、好脾气、好本事、好心态、好身体）做起，在残疾儿童中开展素质教育活动。作为全市特教中心学校，在这方面气氛不浓厚，

12

要尽快拿出实施方案，通过这五个方面的最基本、最常规的教育活动，打好学生基础，全面提高学生素质。

③ 进一步加强教改实验、科研活动。按照现代化特教学校的办学要求，教科研是深化教育改革的重要内容。学校应尽快确立改革、实验的主课题，要进一步充实教科室力量，积累资料、增加经费、加强同外地的联系。要进一步加大课件的制作，鼓励广大教师熟练使用电脑和其他电教设备。

④ 进一步加强干部队伍建设，努力培养一支素质好、质量高、全面发展的教师队伍。应把培养中青年干部作为一项重要任务。要鼓励青年教师刻苦钻研业务，积极撰写论文，形成浓厚的科研气氛。学校领导要抓好教师人才队伍的建设，抓好课堂教学的改革，提高教育质量。作为中心学校，要发挥辐射作用，组织优秀教师送课到县级聋哑学校。

⑤ 进一步加强勤工俭学工作。要充分挖掘现有资源，根据特殊教育的特点，开发有经济效益的项目。要坚持教学与创收相结合，走向社会，宣传自己，使勤工俭学更好地为教学服务，为教职工服务，为学生服务。

根据省教委《江苏省特殊教育学校基本实现现代化要求（试行）》文件精神和评估方案，徐州市聋哑学校在"办学条件"方面得分104.0，"学校管理"方面得分162.8，"队伍建设"方面得分73.8，"教育质量"方面得分114.0，合计得分454.6。根据徐州市特教学校第二轮办学水平等级评估的评估办法，认定徐州市聋哑学校为市第二轮优秀特教学校，并推荐参加江苏省1999年现代化特殊教育学校评估验收。

三、铜山县聋哑学校（1976—1996年）

1970年，徐州专区改称徐州地区，专署驻徐州市，辖丰县、沛县、赣榆县、东海县、新沂县、邳县、睢宁县、铜山县八县。为解决徐州地区聋哑儿童上学难的问题，经徐州地区行署批准，1975年，徐州地区教育局在东海县牛山镇建立了徐州地区第一所聋哑学校，定名为东海聋哑学校，负责招收徐州地区所属八县籍的聋哑学生。

根据徐州地区聋哑学生的生源分布情况，原有的东海聋哑学校不能满足徐州地区聋哑学生就读需要，1976年经徐州地区行署批准，徐州地区教育局决定在铜山县建立一所新的聋哑学校，定名为铜山聋哑学校。

（一）建校初期

铜山聋哑学校1976年8月初开始筹建，地址设在铜山县大庙乡，由铜山县文教局选派干部，徐州地区教育局从沛县师范、运河师范抽调当年毕业的丰县、沛县、睢宁县、铜山县四县籍毕业生赵锡安、朱爱玲、朱遂新、张文菊担任教师。1976年8月13日，铜山聋哑学校正式组建，赵生祥任副校长，主持学校工作。1984年，徐州市人民政府批文更名为徐州市第二聋哑学校，定为科级单位，1989年更名为铜山县聋哑学校。1989年9月，铜山县第二聋哑学校成立后，学校顺理成为铜山县第一聋哑学校。

1976年8月28日，赵生祥率领建校组成人员共6人前往东海聋哑学校参加徐州地区聋教育招生会议，根据徐州地区所辖县分布情况及徐州地区教育局的安排，东海聋哑学校负责招生赣榆、东海、新沂、邳县东部四县学生，铜山聋哑学校负责招收铜山县、睢宁县、丰县、沛县西部四县学生。招生会议结束后，赵锡安、朱爱玲、朱遂新、张文菊分赴徐州地区西部四县招生，共招生40人，分2个班，每班20人。1976年10月，铜山县文教局配备的会计、总务主任到校，学校建设及后勤工作正式开展起来。

由于分配来的教师全部是普通师范学校的毕业生，都没有特殊教育教学经验，对于聋教育更是一窍不通，经徐州地区教育局同意，招生会议后，决定委派孙敏言、赵锡安、朱爱玲、朱遂新、张文菊5位教师继续在东海聋哑学校学习。东海聋哑学校是徐州地区教育局于1975年创办的，比铜山聋哑学校建校仅仅早一年。在东海学习期间，铜山聋哑学校的老师们除了跟班听课之外，学习手语、掌握聋哑人语言是主要任务之一。另外，他们还自行刻印了中国聋人协会编辑的《聋哑人通用手语草图》，共4辑，这些都为学校开展正常教学带来了很大的便利，特别是《聋哑人通用手语草图》，在一段时间内成为学校学习手语的工具书。

为进一步提高新教师聋教育教学水平，经徐州地区教育局和铜山县文教局同意，决定派教师外出进修，继续学习聋教育的教学方法和管理方法。铜山聋哑学校的4名教师由孙敏言带队于1976年11月去南京、南通、上海聋哑学校等校参观学习。期间在上海市第二聋哑学校召开了座谈会，详细了解了聋哑学校在教学过程中需要注意的问题。

南通市聋哑学校系近代著名实业家、教育家张謇于1916年创办，是全国第一所由中国人自己任教的特殊教育学校，具有丰富的教学经验和管理经验。在南通学习期间，5位老师得到了南通市聋哑学校领导及教师的热情帮助，被安排跟班进行学习，同时学习南通的教育教学管理经验，学习有关聋教育理论知识和聋哑人常用手语。短短半个月的学习，让老师们对于聋教育有了较深刻的认识，对于办好铜山聋哑学校有了信心和勇气。

学习结束后，1976年12月，张文菊返回东海聋哑学校担任丰县、沛县、睢宁、铜山四县籍学生班教师，实习并代班，熟悉学生，为铜山、睢宁、丰县、沛县四县学生到铜山聋哑学校上学打好基础。

1977年2月，新招收的铜山县、睢宁县、丰县、沛县四县新生以及原在东海聋哑学校上学的西部四县转来的二年级学生，同时开学上课。建校初期，由于教学基础薄弱，实行五年办学学制，开设语文、会话、数学、体育、律动等课程，后又增加了木工、理发等职业课程，课程种类更加多样。结合聋哑学校教材并参考全国聋哑学校教学的实际情况，1980年以后实行八年学制。

自1980年起，聋教育改革开始起步，当年聋教育苏北片区徐州小组教研活动即在铜山聋哑学校举行，来自徐州、东海、连云港聋哑学校的领导、教师参加了活动。张文菊、罗慧玉、薛霞等教师上了公开课，并进行了座谈。

1984年学校更名后，根据徐州市教育局招生方案，学校负责招收新沂、邳县、睢宁和铜山籍学生，学生平均年龄11岁左右，其中铜山籍学生约占65%。

（二）稳步发展

铜山聋哑学校建校后，按照要求开设课程。1983年以后，五至八年级增设职业技术课，包括缝纫、裁剪、木工、理发4门课程。针对聋哑学生的特点开展各种活动，并且把文体作为提高学生身心素质的重要内容，取得了比较显著的成绩。

根据学生大部分来自农村的实际，学校将缝纫裁剪作为职业技术课的内容。1983年，学校职业课开始筹备，新买了7台缝纫机。1984年10月，全省特教学校职业技术成果展览会在南京举办，赵锡安、董超参加了成果展览会的筹备工作，学校将制作的成衣、童衣、家具、复合肥等样品送展，受到了好评。为进一步提高职业技术培训水平，学校还专门选派缝纫教师赴上海学习裁剪技术，职业、美工教师分别去山东烟台、荣成学习工艺制作技术。

1986年4月，《中华人民共和国义务教育法》第九条规定："地方各级人民政府为盲、聋哑和智力障碍儿童、少年举办特殊教育学校（班）。"同年9月，国务院转发《关于实施〈义务教育法〉若干问题的意见》中指出："各级人民政府在实施义务教育过程中，应当重视盲、聋哑、智力障碍等儿童的义务教育，有计划、有步骤地解决残疾儿童入学问题。"

建校以来，学校加强了与民政、残联、红十字会的联系，得到了这些单位、团体的大力支持。1986年教师节，徐州市民政局专门向全校教师祝贺节日，徐州市红十字会专程来学校指导建立红十字会组织。1986年10月，徐州市聋哑人协会在学校举办六县一区协会专业干部第二期手语培训班，同时邀请有关人员参与组织了徐州市手语大奖赛、徐州市聋人"四有"（即有理想、有道德、有文化、有纪律）知识竞赛等大型活动，这些对于提高学校的知名度，扩大学校的影响力起到了很大的推动作用。

1986年11月，铜山聋哑学校建校10周年庆祝活动举行，徐州市副市长肖树平及徐州市教育局、徐州市民政局、徐州市残联等领导专程来学校祝贺。学校展示了建校10年来在教育教学等方面所取得的成绩，受到了参会人员的一致好评。

（三）显著提升

学校在建校过程中发现，如何培养聋哑儿童形成良好的道德风尚对于社会的进步具有深远的意义。学校在加强德育工作方面采取了向普通教育学习，和普通小学结对子，开展普特学校共建、共同提高的新路子。

1986年11月15日，国家教委、共青团中央、全国妇联、中国残疾人福利基金会联合发出通知：指出从"关心帮助鳏寡孤独和残疾人"这一少年、儿童经常接触、感召力较强的环境入手，进行社会主义、人道主义教育，对贯彻《中共中央关于社会主义精神文明建设指导方针》有重要的现实意义和深远的社会影响。决定从1987年开始，在全国少年儿童中进行以理解、尊重、关心、帮助残疾人为主要内容的社会主义教育，并在此基础上使这一教育经常化，成为对少年儿童进行德、智、体、美、劳全面发展教育的内容之一，并列入中小学思想品德课、思想政治课和有关科目的教学中。文件要求对中小学生进行学习英雄模范人物先进事迹的教育时，注意组织学习残疾人中自强不息、奋发向上的优秀代表，引导少年儿童以残疾小伙伴的典型为榜样，积极开展"让春风吹暖残疾人的心田""我同残疾小伙伴共同成长"等关心帮助残疾人的实践活动，培养爱人民、为社会尽义务的良好思想品德和文明礼貌习惯。

文件发出之后，学校驻地铜山县大庙乡的江苏省实验小学——侯集实验小学和铜山聋哑学校立即开展了长期的共建帮扶活动，聋哑学校教师到小学听课学习，聋哑学生到小学观摩参观学习，普通学生的良好学习精神和文明礼貌为聋哑学生树立了榜样，而聋哑学生身残志坚、不畏艰辛、勇往直前的精神也深深地感动了普通学生，良好的风气提升了聋哑学生的素质，学校的正能量逐步形成。

学校还积极与武警铜山消防中队建立警民共建单位，促成了全市第一家"少年警校"成立。警民共建开展活动，丰富了聋哑学校教师和学生的业余生活，提高了学生的身体素质；战士的操练演示给学生们树立了榜样；而教师为战士送上了知识培训、歌咏比赛、收藏展览等活动，给枯燥的军营增添了新鲜的内容，鼓舞了战士的斗志，共建活动受到了军地领导的好评。1985年2月，学校被徐州市委、市政府命名为"徐州市文明单位"。

1985年5月，中共中央颁发《关于教育体制改革的决定》，在第二部分"把发展基础教育的责任交给地方，有步骤地实行九年制义务教育"中指出："在实施九年制义务教育的同时，还要努力发展盲、聋、哑、残人和智力落后儿童的特殊教育。"在中央文件精神的指导下，全社会都来关注残疾儿童的生命发展需要，建立使其享受平等教育权利的保障机制，全方位地为他们创造适合其身心发展的随班就读条件，使他们能够健康、快乐、幸福地成长。

为更好地服务特殊教育，以先进的特教理论武装自己，1986年6月，学校委派赵锡安赴北京师范大学参加全国首次特殊教育培训班；1987年4月，苏北片区徐州组思想品德教研活动在学校举行，来自连云港、东海、新沂、徐州、砀山等地学校的老师参加了活动，学校展示的晨会、思想品德课及"四有"知识竞赛活动等内容都受到了参会老师的好评。

1989年12月，铜山县聋哑学校被江苏省教育厅评为江苏省德育工作先进学校，这是当时徐州市特殊教育学校中唯一获得的省级表彰奖项。

四、铜山县第二聋哑学校（1989—1996年）

1988年11月，由国家教育委员会、民政部、中国残疾人联合会共同主持的全国特殊教育工作会议在北京举行，这是中华人民共和国成立后首次专门研究和部署残疾人教育发展问题的全国性会议。讨论、修改《关于发展特殊教育的若干意见》等文件，并交流各地开展特殊教育的经验，确定一定时期内发展特殊教育的基本方针。

为落实全国会议精神，提高义务教育入学率，解决残疾儿童少年的入学问题，发展徐州市特殊教育事业，1989年徐州市教育局组织对全市盲、聋哑、智力障碍三类残疾儿童进行了调查，通过调查发现还有部分残疾儿童少年没有进入学校学习。为适应铜山县教育改革的需要，解决聋哑儿童上学难的问题，铜山县人民政府决定建设铜山县第二聋哑学校。

（一）艰苦创业

铜山县第二聋哑学校的创办，使铜山县成为全国唯一一个创办有两所聋哑学校的县级行政区，至此，徐州市区及郊县有三所聋哑学校并存，为更多的聋哑儿童提供了受教育的机会。

1989年，原国家教育委员会、国家计划委员会、民政部、中国残疾人联合会等八部门共同制定了《关于发展特殊教育的若干意见》。1989年5月4日经国务院同意，转发各地研究执行。其内容包括方针与政策、目标与任务、领导与管理3个部分，共22条。规定当前和今后一个时期发展特殊教育事业的基本方针是：着重抓好初等教育和职业技术教育，积极开展学前教育，逐步发展中等教育和高等教育；要求把残疾少年、儿童教育切实纳入普及义务教育的工作轨道。

国家有关文件的发布对于铜山县第二聋哑学校的创建起到了重要的引领作用。学校于1989年7月开始筹建，由铜山县教学仪器厂厂长况延筹为主要负责人。第一年招收2个班，50多名学生；第二年又挤出4间仓库当教室，招收了30多名学生。

为办好铜山县第二聋哑学校，铜山县教育局从铜山县聋哑学校抽调副校长赵锡安配合铜山县教学仪器厂做好铜山县第二聋哑学校筹建工作。铜山县第二聋哑学校的建立，解决了铜山县西部地区聋哑儿童的上学问题，受到了社会和家长的好评。

（二）步入正轨

学校在铜山县教学仪器厂的木工车间原址上开始兴建，边建设边上课。学校从当年毕业的普通师范生中选调了一批优秀教师，从学习手语和聋教育理论开始，并到铜山县聋哑学校跟班学习。老师们边学习边上课，很快步入了正轨。1990年学校贯彻执行《中小学常规管理基本要求》，以教学管理为重点，做到管理工作制度化、规范化，促使学校整体工作焕然一新。

1993年6月，徐州市残疾人三康办公室、徐州市教育局、徐州市残疾人联合会联合发文，决定进一步加强聋儿语训工作。按照省政府批转的《江苏省残疾人事业"八五"计划纲要》的要求，徐州将完成260名聋儿语训任务。文件要求第一批训练计划在铜山县第一聋哑学校、第二聋哑学校等四所学校设置聋儿听力语言康复训练班和聋儿家庭康复训练指导站。文件下发后，铜山县第二聋哑学校立即进行了学习和部署，同时在校舍、师资等方面进行了调配安排，并安排了相关教师进行培训，康复工作很快步入正轨，较好地完成了任务。

由于铜山县第一聋哑学校在经济发展大潮中未能适应市场经济规律，其校办企业在经济及经营上出现危机，对教学秩序造成影响，学校不能正常运转。1995年9月，经铜山县教育局研究决定，铜山县第一聋哑学校并入铜山县教师进修学校，成立特教处，由铜山县进修学校代为管理。

五、铜山县聋哑学校（1996—1999年）

1996年，经铜山县人民政府决定，铜山县第一聋哑学校并入铜山县第二聋哑学校，铜山县第二聋哑学校始称铜山县聋哑学校。根据铜山县第一聋哑学校教师的意愿，部分教师分流至铜山县教师进修学校、铜山县职业高中及部分中小学，而大部分教师直接进入铜山县聋哑学校工作。

（一）创新发展

1992年以后，铜山县教学仪器厂和铜山县聋哑学校由王立法担任厂长及校长。自他主持工作以来，加强学校内部管理，深化教学改革，努力提高教育质量，学校整体水平得到显著提高，取得了一系列成绩，在徐州市的特殊教育学校中崭露头角，受到社会各界的瞩目和好评。

1994年国务院发布的《残疾人教育条例》是中国第一部有关特殊教育的专项行政法规，其中第一章第三条规定："残疾人教育是国家教育事业的组成部分。"它的颁布实施，从法律上进一步保障我国残疾人平等受教育的权利，促进残疾人教育事业的发展，起到了推动作用。

铜山县聋哑学校是全国依托校办企业办学、利用工厂的有利条件发展特殊教育的典型。根据当时办学的实际情况，在铜山县教育局的指示下，学校以合校为契机，实施教学区、生活区和职业实习区三区标准化建设工程，大力发展校办产业，走出一条"以校办厂、以厂养校、产教结合、共同发展"的办学道路。

这种办学思路是：充分利用政府给予残疾人事业的优惠政策，发展校办产业，创造财富用来建设学校。为此学校引进了先进的印刷设备，办出了一个设备先进的印刷厂，既有经济效益，又适宜安排残疾学生学习和就业。1997年工厂利润达到百万元，跻身江苏省明星校办企业行列，从此，工厂的效益一年比一年好，产值从每年的200万元逐渐增长到400万元、600万元、1000万元，利润也逐年增加。

从1996年开始，学校重新规划了布局，开始了大规模的建设。教学区、生产学习区和生活区的规划变成了现实，校容校貌发生了巨大变化。据统计，学校共投入2300万元建成27000平方米的新校舍、8000平方米的两栋宿舍楼，添置了现代化的教学设备、图书仪器等，满足了学生学习的需要。

（二）成果显著

1994年7月，国务院发布《中国教育改革和发展纲要》，在"发展目标和任务中"提出："积极创造条件，使残疾儿童与其他儿童同步实施义务教育。大、中城市和经济发展程度较高的农村应积极发展残疾人高、中级职业教育。"

根据校办企业的实际情况，学校把职业技术教育作为一项重要的教学内容。通过职业技术教育，使学生学会一技之长，为今后的就业打下良好的基础。经调查学生情况之后，学校认为，校办企业中的木工、油漆、印刷、计算机、缝纫等项目非常适合聋哑学生学习以及今后就业，因此在学好文化知识的同时，充分利用校办企业的项目，重点培养学生热爱的相关职业技术课程。

1996年学校开始创办职业高中，通过狠抓课程设置改革，理论联系实际，促进学生实践能力的提高；课余时间组织学生参加各种活动课程和兴趣小组，并走向社会，到校办厂和乡镇企业进行实习、顶岗劳动，为今后就业打下了坚实的基础。2000年，学校成立了徐州市残疾人职业介绍所，为毕业生拓宽了就业安置渠道。这些年，学校毕业生的就业率达到95%。学生在学校学到的一技之长受到了用人单位的好评，学生还没有毕业，就有徐工集团、徐钢集团以及山东临沂、河北衡水和浙江宁波等地的企业慕名而来，纷纷到学校签订用工合同。除搞好职业教育外，还有部分学生参加了特殊教育高等考试，到2001年已经有15人考上了大专院校。其中，徐州有史以来的第一个聋人大学生付前进，已经从南京金陵职业大学计算机系毕业，回到母校担任计算机教师。

学校十分重视职业教育师资培训，除结合所学科目从工厂工人中聘请师傅实际操作外，还从教师中选派到省内外参加职业技术培训，这样结合起来的师资队伍有理论、有实践，对于学生技术水平的提高起到了至关重要的作用。师生们在实践中不断提高技术水平，学校也适时举办职业技术展览，学生的作品受到了国内外同行及社会的好评。

学校的建设离不开铜山县教学仪器厂的支持，除了在资金上给予无私的奉献之外，还将工厂作为学校的职业技术基地，使学生具有技术工人的职级，这些学生毕业后直接进入工厂工作，解决了工厂工人的不足，做到了学校与工厂的双赢。这种创新发展的路子在全国产生了很大的影响。

1. 等级评估促改革

1994年10月12日，徐州市教育督导室和徐州市教育局依据江苏省教委颁发的《江苏省特殊教育学校评估方案（试行）》，对铜山县第二聋哑学校进行了全面、认真的办学水平等级评估。通过评估认为，铜山县第二聋哑学校自建校以来，始终坚持社会主义办学方向，努力贯彻教育方针，狠抓校风建设，提高教育质量，虽建校时间不长，但取得了可喜的成绩。该校依托校办工厂为强有力的后盾，以厂建校，以校促厂，形成了自己的办学特色。

（1）取得的主要成绩

①办学方向明确，坚持按特殊教育的规律办学

铜山县第二聋哑学校注意全面贯彻教育方针，注重教学常规管理，在进

行文化教育的同时，加强对聋生的身心缺陷方面的补偿。学校重视聋生德、智、体全面发展，成立了多种兴趣小组，在注重文化知识学习的同时，已经开始对聋生进行职业技术教育，为今后聋生能学到一技之长打下基础。学校按照原国家教委新颁布的聋哑学校课程计划开齐课程，并适当增加了乡土教材，使来自农村的聋生及家长感到满意。

②加强学校管理，不断提高管理水平

铜山县第二聋哑学校机构较健全，设置合理，分工细致明确，团结精干，有一定的政策理论水平和管理学校的能力，在群众中有较高的威信。各处室干部也能立足本职工作，踏踏实实地为师生服务。学校重视教师的师德修养，通过学习、走访、谈心等形式，解决了教职工这样或那样的困难，使广大教师树立了干好特殊教育的决心。该校青年教师占大多数，学校加强了对他们的管理，业务上开展拜师活动，并尽量为他们"走出去"创造条件，思想上严格要求，目前有半数以上的教师递交了入党申请书。

学校严格执行全国聋哑学校教学计划，坚持以教学为中心，并把教学"七认真"（即认真备课、认真上课、认真布置和批改作业、认真辅导、认真组织考试、认真组织课外活动、认真指导学生自学）作为提高教学质量的基本保证，常抓不懈。学校针对聋生的特点进行教育，初步形成了家庭、社会、学校三位一体齐抓共管的局面。对于职业技术教育，尽管还处于开创阶段，但师资、经费、教材、基地等已经基本落实。

③坚持以校办厂为依托，使工厂为教育教学服务

铜山县第二聋哑学校拥有一个实力较雄厚的校办工厂，"以厂建校、以校促厂"的办学特色在省内外享有一定声誉。工厂在完成上级利润指标的前提下，还尽量将资金用于改善办学条件和改善师生生活。尽管建校时间很短，但补助学校的经费已达到20多万元，并拿出了部分资金补贴聋生。校办工厂不仅从资金上解决了聋哑学校的后顾之忧，而且为今后聋生就业提供了基础。在强大后盾的支持下，学校增添了语言训练设备、投影仪、钢琴等设备和器材，设施设备在全市聋哑学校中处于领先地位。

（2）几点建议

①加强规范管理，提高办学特色

进一步加强规范化管理，努力提高办学特色。铜山县第二聋哑学校在学校

管理上已有自己的一套规章制度，要把这些文字规定落到实处，结合条文一项一项地去核查，找出不足，限期整改，对于做得较好的方面要坚持下去。

②尽快落实学校建设规划

学校已经制定了近期和远期规划，望抓紧实施。要尽快扩建教工和学生宿舍，扩建操场，还应建设正规的语训室和律动室，增加必要的康复训练器材、实验设备等，使学校尽快成为农村聋哑学校的示范校。

③加强对青年教师的业务培训

学校大多数教师是从普通师范学校毕业的青年人，要积极为他们提高特教业务水平创造条件，可请有经验的教师来校作专题讲座、上示范课，也可以参加特殊教育培训班。要加强特殊教育的理论研究，鼓励教师撰写论文，并根据农村实际确定每年的研究课题，使青年教师早日脱颖而出。

④进一步加强对聋生的管理工作

鉴于铜山县第二聋哑学校所处的位置和自身条件，要进一步加强对学生的教育，如安全教育、防火防盗防滋扰教育等，同时教育全校教职工都要认真负责，不能有丝毫马虎。

2. 飞跃发展崭露头角

在全校教职员工的共同努力下，在省、市、县三级主管部门的大力支持下，短短的3年时间，铜山县聋哑学校已经在全国特殊教育学校中崭露头角，成为在省内外有一定影响力的新型特殊教育学校，已经发展成为集学前康复教育、九年义务教育、职业高中教育为一体的全日制综合性特殊教育学校。到1999年，学校共有41个教学班，526名学生，成为全国办学规模最大的特殊教育学校。

王立法担任校长以来，在教学思想和教学手段上追求现代化，以国际最新的思想武装充实自己的头脑。在他的倡导下，学校多渠道筹措资金，不断充实现代信息技术设备，实施计算机辅助教学工程，如设计建立了校园网络web服务器，建成了电子图片库、音像库、图书库、题库等。教师在课堂上就可以以浏览的形式访问服务器，实现了教学中的即点即用。学校电教部先后研制了语文、数学、美术等多个生动形象、图文并茂、适合聋生使用的计算机辅助教学课件。这些课件展示了知识形成的过程，给课堂教学增添了无穷的魅力，受到了国内同行的赞许和好评。

2000年7月，学校以顶级域名创建的"中国特殊教育网"，现在已经成为国内外特教专家、特教工作者进行交流与研讨的网上平台。自创建以来，该网站的访问量年年升高。2000年，学校从七年级开始就开设了计算机课程，通过学习，学生已能熟练地进行文字处理、简单的动画制作、网页设计和传输信息。

从1997年开始，学校连续三年被评为江苏省模范学校。1998年，学校被评为江苏省首批特殊教育现代化示范学校。铜山县聋哑学校的办学经验引起了社会的广泛关注，教育部有关领导、省市领导以及北京、上海、广东、山东、河南、湖北等地的专家、学者和特教工作者前来学校参观考察，美国、法国、日本、奥地利、新加坡等国际人士也纷纷前来观摩，交流经验。《人民日报》《江苏教育报》《徐州日报》及《现代特殊教育》《教育现代化》《农村教育》等报纸杂志都曾以一定篇幅介绍了学校的办学特色和办学经验。

3. 创建省级现代化示范学校

为适应全省特殊教育学校的快速发展，1997年，江苏省教育厅组织部分特教干部、特教学校校长制订了有关特殊教育学校基本实现现代化方案。1998年，江苏省教育厅颁发文件并启动了"特殊教育现代化工程"，铜山县聋哑学校进行了认真的准备。1998年6月22日至24日，徐州市教育委员会组织由初教处、教科所领导和特教学校校长、骨干教师组成评估验收组，依据省教委《江苏省特殊教育学校基本实现现代化要求（试行）》及其《评估方案（试行）》，对铜山县聋哑学校进行了现代化特教学校评估验收。

通过评估验收，认为铜山县聋哑学校能够遵循特殊教育的办学规律，以改革为动力、科研为先导、教学为中心、育人为目标、康复为基础，大胆实践，积极实施教育现代化工程，深入开展素质教育，办学整体水平不断提高，现已达到了江苏省特殊教育学校基本实现现代化的要求。具体表现在以下几个方面。

（1）有一个坚强有力、现代化意识较强的领导集体

铜山县聋哑学校领导班子精诚团结、吃苦实干，具有强烈的事业心、责任感，具有开拓创新的魄力和能力。为创建现代化示范学校，在经济十分困难的情况下毫不气馁，想方设法协调各方力量筹集了大量资金，改善了办学条件。全校教职工紧紧团结在领导班子周围，夜以继日地工作，无怨无悔，

通过对教师座谈和问卷调查可以看出，领导班子在群众中享有较高的威信。

（2）有一支年轻的、事业心强的教师队伍

学校现有专任教师41人，学历完全达标。大专以上28人，占任课教师的68%；经过专业培训的38人，占93%。为适应特教需要，学校还配备了专职的特教仪器检测人员。

① 教师队伍年轻化，是特教将来发展的潜力和后劲。

② 教师队伍具有敬业精神，从学生问卷中可以看出，广大教师关心、热爱学生，无体罚现象。通过听课及访谈、座谈可以看出，教师的业务水平较高，好课率达到90%。

（3）有一个较好的办学条件

该校校园面积超过省定标准，教学、工厂、宿舍三区分离，道路平整，育人气氛浓厚，校舍美观大方，残疾人特需的设备、附属设施齐全，硬件达到国内先进水平。从经费方面来看，办公经费、教师工资均按时拨付，困难学生的补助按月发放；从校办企业来看，产值与利润分别突破千万元和百万元大关，并获省教委明星企业称号；从生活设施来看，学生和教工宿舍已公寓化，达到较高的水平。

（4）有一个较高的管理水平

① 大刀阔斧地进行管理体制改革。在管理机制运行中逐步实现"四个转变"：一是由部门德育教育向全员德育教育转变；二是由知识本位向能力本位转变；三是由学科教材本位向以学生综合就业能力提高为本位的转变；四是教学手段、途径、理念向现代职业教育规律和学生综合能力提高这一中心上转变。在管理手段上，注重适用现代化办公设备提高管理效率；在管理方法上，实行校长负责制，强化分层管理，形成同心协力的决策指挥系统。

② 狠抓教学常规落实，努力抓好教学管理。一是抓教学常规的学习、考核，保证教学"五认真"得以落实；二是充分发挥各类电教设备的优势，努力实现教学手段现代化；三是强化教育教学研究，促进教育教学质量提高；四是以培养青年教师为核心，多渠道提高教师业务素质。

③ 狠抓学校管理，创造良好的育人环境。比如，在校园管理中，学校努力学习现代科学管理知识和教育法规，确立现代化的管理思想，努力向学校管理的现代化迈进。

④ 充分发挥工会在学习管理中的重要作用，努力提高学校管理的效率，不断彰显出工会组织在学校教育教学与改革发展中的重要作用。

（5）有一个较好的教育质量

该校教师尽管年轻，但一直保持着良好的态势，教学质量逐年提高。从学生方面看，基本形成了良好的学风、班风、校风，德育考核合格率达到95%以上，具有较强的分辨是非的能力；从问卷上看，学生德育认识比较清楚，对政治、道德的基础知识回答正确；从抽测来看，语文、数学成绩比较好，基础知识和基本技能基本达到大纲要求；从体育及劳动方面看，体育合格率和视力达到要求，劳动教育良好率达到100%；从毕业生质量来看，毕业的学生均能自立于社会，家长反映较好，评价较高。

根据省教委《江苏省特殊教育学校基本实现现代化要求（试行）》及其《评估方案（试行）》规定的计分方法，铜山县聋哑学校在"办学条件"方面得分113.6分，"学校管理"方面得分172.4分，"队伍建设"方面得分72.8分，"教学质量"方面得分116.0分，合计得分474.8分。验收组根据上述情况，特申请省教委对铜山县聋哑学校进行现代化特教学校评估验收。

1999年12月，江苏省教育委员会特殊教育现代化示范学校验收组经过3天的评估后，认定铜山县聋哑学校为江苏省首批特殊教育现代化示范学校。铜山县聋哑学校成为徐州市第一所省级特殊教育现代化示范学校。

六、徐州市特殊教育中心、铜山县聋哑学校（2000—2012年）

铜山县聋哑学校在短短的时间内取得了骄人的成绩，徐州市聋哑学校在改革中求发展，将教育质量作为重要任务来抓，教育教学成绩位居徐州地区前列。1999年，随着城市基础设施建设的力度不断加大和城市综合改造工程的实施，徐州市大力发展道路交通，两座道路立交桥在徐州市聋哑学校门前兴建，将通往学校的道路基本堵死，师生出行极其不便，给在校师生的工作、学习、生活带来极大困难。为优化特教资源配置，解决徐州市聋哑学校交通困难等难题，市政府召开了徐州市聋哑学校和铜山县聋哑学校联合办学的座谈会。

2000年1月，徐州市人民政府为优化特殊教育资源配置，实施特殊教育名校发展战略，根据市政府座谈会纪要精神，徐州市聋哑学校与铜山县聋哑学校实行了联合办学，这是继铜山县两所聋哑学校联合办学之后特殊教育的又一次重大机构改革。联合办学组合了教学资源，使经费、师资、硬件、软件充分发挥了社会效益，这种联合办学形式是徐州市聋教育历史上的重大事件，在全国绝无仅有，形成了徐州市聋教育的最佳办学形式。

（一）两校联合办学

2000年1月，徐州市教育委员会和铜山县人民政府联合下发《关于徐州市聋哑学校和铜山县聋哑学校实行联合办学的通知》（徐教〔2000〕11号）（铜政发〔2000〕5号）。

该通知指出：徐州市聋哑学校和铜山县聋哑学校是市两所建校时间较长、教育质量较高的特殊教育学校。多年来，两所学校在市、县人民政府和教育行政部门的正确领导下，取得了显著的成绩，为徐州市特殊教育事业做出了重要贡献。随着社会的进步和发展以及残疾儿童比例的减少，两校面临着新的形势和任务。为了优化特教资源配置，提高特教学校办学效益，加快特教事业的发展，促进特教学校办学水平的提高，根据徐州市人民政府的意见，徐州市教委和铜山县政府研究，决定自2000年元月起，徐州市聋哑学校和铜山县聋哑学校实行联合办学。现根据徐州市人民政府办公室第38号《会议纪要》的精神，对两校联合办学提出如下具体实施意见。

1. 学校校址

两校联合办学后，校址设在铜山县聋哑学校。

2. 管理体制

两校联合办学后，实行"一所学校、一套班子、两块牌子（即铜山县聋哑学校和徐州市特殊教育中心）"的管理体制，由铜山县聋哑学校领导班子主持学校全面工作。铜山县聋哑学校校长兼任徐州市特殊教育中心主任。

3. 教职工安排意见

（1）铜山县聋哑学校现有教职工的管理权仍属铜山县教育局。

（2）市聋哑学校现任校级干部不到新校工作，由市教委另行安排。

（3）市聋哑学校业务教师全部到铜山县聋哑学校工作，接受铜山县聋哑学校管理。到新校工作的人员，党团组织关系转入铜山县聋哑学校，原人事关系、工资（含政策性奖金、补助）标准及其他标准不变。学校自定的福利待遇等由铜山县聋哑学校统一安排。

两校联合办学后，市聋哑学校教师应在规定时间内到铜山县聋哑学校上班，凡在规定时间内不去铜山县聋哑学校工作者，由市教委按省、市有关人事管理规定处理。

（4）关于两校现有中层干部的安排。两校联合办学后，根据教学管理的需要，由铜山县聋哑学校自行安排。

（5）市聋哑学校现有工人，由市教委另行安排。

（6）在市聋哑学校领取离退休工资的离退休人员，两校联合办学后，到铜山县聋哑学校领取离退休工资等，其经费按原渠道不变。

4. 学生安排意见

（1）市聋哑学校在校学生原则上全部并入铜山县聋哑学校，由铜山县聋哑学校重新编组分班；其中外省、市户籍在市聋哑学校借读的学生，尊重学生及家长的意愿决定去留。

（2）两校联合办学后，铜山县聋哑学校的招生范围为徐州市区和铜山县。

5. 档案及资产问题

（1）市聋哑学校所有的档案资料移交铜山县聋哑学校。

（2）市聋哑学校的不动产，由市教委另行安排；其动产，由市教委财务处核准后，造出资产清册，本学期结束后，按核定的清册移交给铜山县聋哑学校。

（3）市聋哑学校的财务账目，由市教委财务处、审计处核准后，移交给铜山县聋哑学校。

（4）满足铜山县聋哑学校的办学需要，铜山县聋哑学校负责将校东北角拾屯中学15户教职工宿舍拆迁，报铜山县教育局和徐州市教委批准立项后实施，市教委按拆迁协议提供拆迁经费。确因教学需要的项目，市教委及有关单位给予支持。

（5）市聋哑学校到新校工作的人员，如需在铜山县聋哑学校附近安排宿舍，由铜山县聋哑学校根据实际需要提出征地和建设计划，报铜山县和市教委批准后立项实施，征地经费按征地协议由市教委提供，涉及集资建房的补助问题，由市教委按有关规定办理。

6. 经费问题

（1）两校合并后，铜山县人民政府对铜山县聋哑学校的投资渠道不变；2000年，市教委按市聋哑学校1999年的办公经费、人员经费等拨款数额按月拨付到铜山县聋哑学校，今后如有政策性增资等变动因素，市教委按变动情况追加经费。

（2）市教委每年向铜山县聋哑学校拨款10万元，用于补助办公经费的不足；拨款2万元，用于补助盲教育经费的不足。

（3）本次合并过程需要增加的必要支出，由市教委拨款15万元给铜山县聋哑学校。

（4）市教委采取其他措施支持铜山县聋哑学校办学。

2005年，学校被评为铜山县文明单位，同时顺利通过了江苏省特殊教育现代化示范学校的复核，在接受市县级模范学校的评估中也凭着设施一流、师资一流、管理一流、教学一流的实绩，受到了验收组领导的高度评价。

（二）协调扩建学校

根据市政府〔1999〕38号《会议纪要》和徐教〔2000〕11号、铜政发〔2000〕5号《关于徐州市聋哑学校和铜山县聋哑学校实行联合办学的通知》精神，2000年1月18日，徐州市聋哑学校和铜山县聋哑学校实行联合办学。学校以铜山县聋哑学校为主，实行"一套班子、两块牌子"的管理体制。教育教学工作归属铜山县教育局领导，原徐州市聋哑学校更名为"徐州市特殊教育中心"。2000年，学校拥有教学班33个，在校学生437名，成为当时全国办学规模最大的学校。

合并初期，由于地理环境及人际关系的改变，学校的教师及学生都有不同程度的思想波动和不适应的现象。面对这种情况，学校领导班子及时和上级领导沟通，商量解决办法，同时充分发挥党员的先锋模范作用。领导班子成员认为，要将团结协调作为当前的首要任务，鼓励党员干部爱学校、爱学生，努力为新学校做出新贡献。

结合学校的实际情况，徐州市特殊教育中心、铜山县聋哑学校坚持以科研为先导，以康复为基础，以学生为中心，以职教为特色，以育人为目的，深化校园内部改革，积极实施校长聘任制、中层干部竞争上岗和教师全员聘任制，激发教职工的积极性。学校还考虑到教师的实际情况，营造良好的教学环境和生活环境，使师生感受到学校带给他们的温暖，积极帮助教师克服各种困难，激发教师的工作热情和积极性。

2000年联合办学后，教学班增加数量较大，除缺少规范教室以外，专用教室缺口也比较大，现有校舍无法满足徐州特殊教育事业发展的需要。2000年，徐州市特殊教育中心、铜山县聋哑学校被江苏省教委确定为江苏省首批接受"全国百所规范化特殊教育学校"评估验收单位，对照原国家教委《关于印发〈特殊教育学校建设标准的通知〉》（〔1994〕162号）文件精神，学校现有建筑面积及占地面积距离国家标准相差较大。

2007年7月，江苏省教育厅下发《关于推进全省特殊教育合格学校建设工作的意见》（苏教基〔2007〕22号）文件，决定实施特殊教育合格学校建设工程，全面改善特殊教育学校的办学条件，为残疾儿童少年创造良好的教育条件，促进义务教育均衡发展。

为落实江苏省特殊教育合格学校建设标准，全面改善特殊教育学校办学条件，根据市政府要求，市教委对学校扩建校舍问题进行了论证，制订了特殊教育中心发展计划，并向市政府递交《关于徐州市特殊教育中心扩建校舍的调查报告》（徐教〔2000〕197号）文件，请市政府协调有关部门抓紧解决拆迁、扩建事宜，彻底解决校舍不足及占地面积紧缺问题。

（三）办学体制逐步理顺

自学校开展联合办学以来，省、市各级领导十分关心学校的建设，在社会上形成了特殊教育是国民教育体系的一个重要组成部分，在整个教育体系中占据着十分重要的地位的共识。由于两校联合办学后体制出现了不少问题，市领导非常关心，多次到校调研，寻找解决的方法。

2000年2月12日，徐州市人民政府副市长晁家宽在市教委副主任缪继伦、铜山县教育局副局长姚玉侠陪同下，专程到学校视察两校联合办学之后的工作运行情况。

2006年9月15日，徐州市政协领导在市教育局副局长李玉良陪同下，来到徐州市特殊教育中心、铜山县聋哑学校调研指导工作。

参加这次调研的领导有：市政协副秘书长李志远，市政协委员、市政协提案委主任李敬忠，市政协常委、民进市委副主任党振涛，市委督察室副主任张正刚，市编制办事业处处长徐加清等。市政协领导详细询问了学校的办学条件现状、师资队伍建设及学校现在面临的困难等各项情况，对学校面临的困难表示予以帮助。

2007年5月25日，徐州市委、市人民政府及市教育局、人事局、财政局、民政局、宣传部、妇联、残联等主要领导及铜山县人民政府领导来学校现场办公，就学校归属市教育局管理问题形成意见，交由徐州市教育局、人事局、财政局和铜山县政府在一个月的时间内形成方案后报市政府。

2007年7月16日，徐州市政府印发了市政府第40号市长办公会议纪要和徐政办发〔2007〕120号《关于铜山县聋哑学校托管方案的通知》，规定托管期为3年，3年后学校全部移交到市里管理。

2007年9月，学校业务划归徐州市教育局直属管理。开学初期，市教育局副局长李玉良带队进行了开学工作检查，10月，在迎接省特教合格学校的初验中得到了验收组领导的充分肯定。11月，学校职工代表队首次参加徐州市教育局第十三届教职工运动会，获得了广播操一等奖、团体总分第六名的好成绩。

办好特殊教育，不仅能保障适龄儿童中弱势群体受教育的权利，而且对改善徐州市残疾儿童的生存和发展状况，完善全市教育体系等都具有十分重要的意义。2010年以来，徐州市财政通过大力支持市特教中心建设发展，切实将市委、市政府对残疾儿童的关爱政策落到实处。

1. 理顺特教学校管理体制

针对徐州市特教中心和铜山县聋哑学校长期联合办学并分属市、县两级管理的状况，市政府决定将两校实质性合并，合并后的学校（徐州市特教中心）享受市财政全额拨款事业单位待遇。

2. 加大特教事业专项投入

徐州市将徐州市特教中心的康复中心建设项目列入市政重点工程，投入2000万元。市财政还投入300万元用于特教中心职业教育楼建设。

3. 募集资金支持特教事业

通过举办慈善晚会、助残日等活动，使社会各界进一步关心关注徐州市特教事业和残疾儿童，所募资金集中支持特教事业发展。

2010年12月30日，徐州市特殊教育中心向徐州市教育局汇报了《铜山县聋哑学校托管方案》中涉及的有关问题。3年来，该托管方案中涉及的有关工作均得到了全面落实。2011年1月，徐州市特殊教育中心开始实质性归属徐州市教育局直接管理。

七、徐州市特殊教育学校（2012年至今）

2012年4月，徐州市机构编制委员会下发徐编复〔2012〕6号《关于组建徐州市特殊教育学校的批复》，同意在徐州市聋哑学校、徐州市铜山区聋哑学校的基础上组建徐州市特殊教育学校，隶属于市教育局，相当于正科级全额拨款事业单位。

（一）稳定发展提升

学校合并以后，大家充分认识到：学校发展也需要稳定。稳，即坚持既定目标不动摇，不折腾；定，即人心安定，遵循规律，敬畏规律。同时也认识到一所学校要想有长足的发展，必须有稳定的育人目标、稳定的人心、稳定的教学活动。

1. 创新育人目标

教育是培养人的事业，立德树人是教育的根本任务，教育不仅仅是给学生分数，还要为学生的终身发展奠基。现实的诸多压力常常会让我们迷失方向、动摇目标。压力主要来自家长、社会。家长对学校的评价最主要的就是关心自己的孩子能否升入高一级学校，能否学习一门手艺以便自食其力，而家长的压力又来自社会就业现状。根据这一现状，学校将育人目标确定为培养自食其力、能为社会做贡献的新一代劳动者，将大力发展职业技能教育、培养学生尽快融入社会作为重要的目标。

我校学生在完成九年制义务教育的基础上需要尽快融入社会，为自食其力打好基础，为此学校将育人目标定位在适应现代社会发展的需要，把"育残成才"作为育人的首要目标。

学校大力发展职业教育，探索适合学生的就业路子，如开设的面点课程，主要培养中级面点制作人员。理论联系实际，以实际操作为重点，主要学习面点制作过程中的要点与技巧。学生毕业后可推荐去酒店、宾馆、超市、企业、西饼屋就业或独立开店，从事中西式面点制作或经营工作。该专业劳动强度低，工作环境安全，收入稳定。面点专业的学生还参加了高考，在浙江省职业技术学院学习面点专业。300余位职高班毕业生全部实现就业安置，切实减轻了家庭与社会负担。

这些年，无论发展处于顺境还是逆境，学校的育人目标从来没有动摇过。教师不仅要关注学生的学业成绩，更要关注学生的生理、心理和人格的健康成长。

2. 稳定教师队伍

从两校合并以来，教师工作一直是学校领导首抓的重要任务。从刚开始的不适应到逐渐融合，领导们将稳定人心作为重要的任务。人心稳定，大家才能集中精力做好各项工作。可以说，稳定的人心是学校这些年发展最强大的动力。

首先，领导班子要团结一心。一个民主、和谐、高效的领导班子可以提升团队的执行力和创造力，可以确保学校稳步健康地向前发展。我们始终坚持集体领导、民主集中、分工负责的工作原则，校领导班子整体功能发挥好、成效高。每个成员在工作中都积极主动，并能优势互补，相得益彰。比如，为了更好地建设书香校园，努力为教师创造一个良好的读书环境，2011年暑假中，校长室坚持带好头、做好示范。领导带头参加读书活动，潜心阅读，给教师们树立了榜样，学校读书活动蔚然成风。

其次，教师队伍很稳定。教师队伍建设，直接关系到学校的生存能力和发展水平。我校始终把教师队伍建设作为提高教育质量的重要途径。社会充满了各种诱惑，我们不能要求教师清心寡欲。教师也是人，除了教书，也要面对生老病死，也要承担家庭责任，也要处理各种社会关系。在学校联合办学初期，由于学校地处城乡接合部，市聋哑学校教师认为路途遥远，人际关系不熟，生活不能适应，产生了这样或那样的问题。针对这种情况，学校开展了凝聚人心工程，把稳定人心作为首要工作来抓，发扬党员的先锋模范作用，从生活上关心教师，尽量缩小城乡差别，努力解决工作中的困难，使教师们很快安下心来，积极性得到充分发挥。

最后，要稳定人心，靠的不是制度，不是约束，而是信任，是关心，是人情味。作为学校管理者，要做到心中有教师。这和要求教师做到心中有学生是一个道理。2000年联合办学以后，两校干部、教师思想上都有波动，为公平对待每一位教师、干部，正确处理领导与中层干部、中层干部与教师、教师与校级领导之间的矛盾，学校举行中层干部竞争上岗，两校教师都参加了应聘。通过申报、答辩、考察，将德才兼备、有真才实学的教师选聘到领导岗位上来，使大家心服口服。

老教师对于稳定人心具有不可忽视的作用。学校中老年教师工作了二三十年，有着丰富的教学经验，特别是无私奉献的精神，更是学校发展不可或缺的财富。学校充分相信他们，把他们安排在关键岗位上，他们的教学质量往往比较突出。原徐州市聋哑学校老教师张一青，工作一直认真负责，老当益壮，有强烈的敬业精神，学校多年让她担任低年级主科教学兼班主任，每次考试成绩都是全年级第一名。

我校教师队伍已形成了合理的年龄结构，有"奋发有为"的青年、"才华横溢"的骨干和"中流砥柱"的中老年，让他们根据自己的优势，各尽其能，取长补短，促进了学生的健康成长与发展。70年来，我校先后有多人荣获全国优秀教师、省师德先进个人、市劳动模范、"感动徐州"教育人物等荣誉称号。

3. 规范教学管理

加强师资队伍建设，不断提高教育质量是发展特教的关键。狠抓教学质量，加强教育科研，推行有特色的素质教育是贯穿学校教育教学的一条主线。根据所教学科情况，学校按时进行分开学习培训，并结合课题情况实施。

本着"全面培养、全面发展、全面提高"的原则，我校把实施素质教育工作落实到了每一学科、每一环节、每一个教育对象上。

首先，确立法规意识，强化制度保障。学校通过党员手拉手、教职工献爱心等措施，依法保证残疾学生的入学率、巩固率，不让一名学生流失。同时，学校以课程计划为法，确保各科课程开齐、上足、教好。教师以课程表、大纲、教学常规为法，给每个学生提供高质量的教育服务。

其次，加强过程监控，重视质量评估。为落实教学"五认真"，教导处及各部采取定期检查、随机抽查的方式，对计划、备课、上课、作业批改、课外辅导等环节进行严格控制；对作业量与批改提出统一要求；对期末考试采取统一出卷，调控质量评估的过程；平时则经常进行查字典、口算等各种小型学科竞赛，激励学生学好各门基础知识。截至2013年，我校参加高考的同学绝大部分进入高等院校就读，这对于提升学校形象、扩大社会影响具有深远的意义。

再次，培养能力，发展个性。我校十分重视学生素质的整体提高，组建了"舞动汉风"学生模特队、网球队、铜管乐队、爵士鼓、推拿、按摩等第二课堂如火如荼地开展。校运动会和校园艺术节每年都顺利举行，积极组织学生参加校内外各类竞赛，各种奖项硕果累累。

（二）立师德铸师魂

学校有一支热爱特教、关怀残疾学生、素质一流的教职工队伍，他们以自己博大的胸襟，撑起一把大伞，庇护着身边这些迟开的花朵。

1.加强师德修养

树立以生为本的教育观念，学高为师，身正为范。在平时的教育教学中，严格要求自己以端庄的仪表、脱俗的谈吐、娴雅的举止、美好的姿态去面对每个人。每年助残日到来之际，全体职工都踊跃为残疾学生捐款捐物。平时从洗脸、刷牙到一日三餐，从学说学算到学职业技能，总是耐心料理、悉心指导。教职工们用世界上最伟大的母爱和最深厚的师情，铸造着学校的校魂——无私奉献。

《徐州日报》曾刊登了报道徐州市聋哑学校聋人教师朱椿年事迹的文章《党叫干啥就干啥》。朱椿年时时刻刻要求自己做到为人师表，身体力行，用良好的品质、知识水平、教学态度和作风在学生中树立优良的教师形象，言传身教，耳濡目染，教育和影响学生。他引导学生树立正确的世界观和人生观，形成良好的情感和行为习惯，促进学生各方面发展。在稳定发展时期，重新学习朱椿年的事迹，对于新老教师工作学习仍然具有激励和鞭策作用。

树立以残疾学生为本的教育观念，全身心地投入教学中，与这些有障碍的孩子进行心灵的、智慧的对话，使孩子在兴奋、投入、惊奇和愉悦中感受学习带来的快乐。由于这些残疾学生常年住在学校，这就要求教师要像家长一样，时时刻刻心里装着学生，珍视学生在校的每一天，保护学生的每一次发现。特别是在课堂上关注学生的关注，惊奇学生的惊奇，感受学生的感受，智慧引导每一位学生的成长。宽容地对待学生，欣赏每一位学生，特别是对那些学习基础差的学生，努力发现他们身上的闪光点，让他们都有展示自己才华的机会，在获得成就感中扬起自信的风帆。

2.提高业务水平

不断完善自己，努力提高业务水平。人常说"活到老，学到老"。我们认识到，一位合格的特教教师既要有扎实的基础知识、专业知识和较高的人文素养，还要树立终身学习的观念，注意时时对自己的素质保持提升和完善的趋势。所以要不断地更新自己的知识结构，及时汲取国际先进的特教理论，掌握学科中相关的新知识，关注特殊教育教学中的新思路、新办法、新内容和新趋势，善于将这些教育理念和教育理论运用到教育教学中去，敢于尝试新的教育教学方式，不断提高自己的教学能力和教学水平，使自己的课堂教学独具特色，让残疾学生喜欢课堂、热爱学校。

作为一名教师，要进一步完善提高教育质量的目标体系，细化工作措施，认真备好每一节课、上好每一节课，辅导好每一位学生，切实"让每一个孩子成才"的理念深入每一个教师的心中。在课堂教学中，能根据学生心理特征和生理特征，积极进行"双语双文化""探究性小组合作学习"教改实验，先后承担了国家、省、市级8个立项课题的研究工作，使学校的教育教学质量不断提高，让优秀教师真正起到辐射带动作用。

3. 更新教育观念

对许多教师而言，如果没有新形势的要求，他们只能安于现状，不会主动去思考，主动去改变教学观念。为此，学校认真分析教师的现状，从抓骨干入手，发挥骨干教师、科组长的作用，在他们的引领下，让教师们在各种平台上展示自我，在取得成功的喜悦中去理解教育观念、教育理论，在实践中探讨一些问题，特别是探讨行为的转化问题，体味教育不断提升自我更新能力。比如，在校本培训中，首先培训骨干教师和科组长，再培训全体教师；在校本教研活动中，开展专题教研活动，各年级在教导处、科组长的策划、引领下，对专题进行讨论、对话，对骨干教师的教学活动进行观摩，然后进行集体反思和评价，教师们就是在这活跃的研究气氛中感受新理念，在广阔的空间中专业得到发展。

4. 发挥示范作用

要支持、发挥骨干教师的示范作用。骨干教师是师德高尚、业务精良、学识广博的学科带头人乃至名师名家，他们具有丰富的教学经验、先进的教学理念，掌握一定的现代信息技术教育手段，拥有深厚的教育理论功底。学校应充分利用这一教育资源，努力办好教师培训工作。学校还应根据培养对象的学科类别、研究方向、个性特点，以骨干教师为指导教师，让青年教师与骨干教师结师徒对子，签订师徒合同，建立友好合作关系，做到教育资源共享。

在教师集中培训和分散研修的过程中，对培训对象的教育教学和教育科研进行定期辅导或跟踪指导，充分发挥名师效应及引带作用，使培训对象从骨干教师的教书育人和教育科研的经历及他们成长的心路历程中，受到启迪和感悟，做到学有榜样、赶有目标，从而增强其敬业、乐业的职业意识，树立其勤业、精业的师德风范。靳军、鲍红安参加第一届、第二届江苏省特殊教育青年教师基本功比赛，均获得了一等奖的好成绩。还有很多教师被评为省、市级优秀教师，充分利用他们的影响，发挥他们的骨干示范作用。

骨干教师是教师队伍中的精华，发挥骨干教师在教师团队中的示范与引领作用，放大骨干教师在教师团队中的榜样与教育作用，鼓励教师开展多种形式的合作，构建以教师实践反思、教学创新、科研创新为核心的学习型组织，从而有效地推动学校学科教学改革，有效地提升学校的教育教学质量。

（三）发展工程助推办学条件改善

发展特殊教育是推进教育公平、实现教育现代化的重要内容，是坚持以人为本理念、弘扬人道主义精神的重要举措，是保障和改善民生、构建社会主义和谐社会的重要任务。2016年岁末，教育部正式公布盲、聋、培智三类学校义务教育课程标准；第一期"特殊教育提升计划"收官，第二期"提升计划"即将公布。面对特殊教育改革发展大势，作为特教学校，如何才能应对挑战、抓住机遇、实现新发展？学校认为，落实特殊教育提升计划提出的各项任务，抓住实施特殊教育发展工程的有利契机，加快推进残疾人全面小康进程和特殊教育现代化。通过项目启动论证会、项目建设视导评估等方式，邀请专家对项目实施工作进行专业指导，全面改善办学条件，提高特殊教育质量。

1. 医教结合项目

2014年，教育部、国家发改委、民政部、财政部、人力资源和社会保障部、卫生计生委、中国残联联合制订特殊教育提升计划（2014—2016年）。

总体目标：全面推进全纳教育，使每一个残疾孩子都能接受合适的教育。经过3年努力，初步建立布局合理、学段衔接、普职融通、医教结合的特殊教育体系，办学条件和教育质量进一步提升。建立财政为主、社会支持、全面覆盖、通畅便利的特殊教育服务保障机制，基本形成政府主导、部门协同、各方参与的特殊教育工作格局。到2016年，全国基本普及残疾儿童少年义务教育，视力、听力、智力残疾儿童少年义务教育入学率达到90%以上，其他残疾人受教育机会明显增加。

重点任务：提高普及水平，加强条件保障，提升教育教学质量。

主要措施：扩大残疾儿童少年义务教育规模，积极发展非义务教育阶段特殊教育，加大特殊教育经费投入力度，加强特殊教育基础能力建设，加强特殊教育教师队伍建设，深化特殊教育课程教学改革。

2013年，江苏省教育厅、省财政厅联合发布《关于组织实施特殊教育发展工程的通知》（苏教基〔2013〕20号），提出在"十二五"期间组织实施特殊教育发展工程。

该工程的主要任务为完善特殊教育体系，推进特殊教育现代化建设，提升特殊教育师资专业化水平，加强特殊教育科学研究，保障特殊教育经费投入。该通知提出，将通过设置项目的方式推进特殊教育发展工程。2015年10月，学校结合文件精神和自身情况确定了"医教结合"的康复教育模式作为申报内容，并参加了省教育厅组织的答辩会。

我校从2012年起，提出"医教结合"的康复教育模式，开始接触、学习相关理论，并于2013年11月申报完成省"医教结合"项目。自项目申报之日起，学校以落实《江苏省特殊教育发展工程》为抓手，积极推进特殊教育"医教结合"工作，构建完善的"医教结合"支持保障体系。为了更好地实施"医教结合"项目工作，一方面学校组织教师积极参与各级各类康复及相关医学知识培训，汲取新的康复医学理念，学习科学的康复教学知识，加强对"医教结合"工作的研究，提高康复教学的水平；另一方面学校成立了"医教结合"项目领导小组，对项目进行全面管理，确保该项工作顺利实施。我校和徐州市第一人民医院建立长期合作关系，医院全力配合做好医学知识，医学诊断、诊治等方面的工作，学校则结合医院的诊断报告做好听障儿童的全面康复教育工作，医校配合全力推进"医教结合"工作的开展，为我校开展"医教结合"工作提供了充分的保障。

（1）添置康复设备，为开展"医教结合"做好硬件准备。从项目申请开始，我校便添置了必备的康复设备，建设完成了听力检测室一间、资源教室一间，配齐了一整套听力检测系统设备，累计投入达270余万元，为"医教结合"的实施提供了硬件保障。

（2）加强师资培训，转变观念，为"医教结合"做好人员储备。"医教结合"的实践是由教师来实施，因此需要培训一批具有专业知识的教师。从2014年开始，我校采用"外出培训学习、专家知识讲座、校内专业培训"三种方法加强教师专业培训工作，共投入14.6万元。

（3）全方位实施"医教结合"康复训练模式。一是做好听能管理工作，二是进一步巩固"1+X+Y"的康复训练模式。"1+X+Y"模式主要由三部分组成：集体教学（1）、个别化康复（X）和家庭康复（Y）。

"医教结合"项目得到了专家的肯定，通过了评审。在江苏省教育厅资金的支持下，我校"医教结合"项目得以开展，2017年省厅对项目执行情况进行了验收。实施特殊教育发展工程项目受到了社会和家长的好评。"医教结合"项目为更好地提高特殊儿童素质开辟了新路。徐州市特殊教育学校和医院联手办学，通过科学的训练和医疗配合，特殊儿童素质得到明显提高。

项目整合了教育和卫生两个方面的资源，徐州市特教指导中心与徐州医科大学附属徐州儿童医院签署共建协议，建立医疗教育互通网络和互助机制，探索"医教结合"特殊教育模式，为残疾儿童少年早期干预和康复服务提供绿色通道。"医教结合"项目是实实在在的惠民工程，它让残疾儿童得到来自教育和医疗系统的全面帮助，医生的积极参与，促进了残疾儿童的缺陷补偿，提升了残疾儿童的发展空间，缩小了与健全人的差距，体现了教育的平等，让每个残疾儿童少年均享受到高质量的教育，为每个残疾孩子回归主流社会奠定了坚实的基础。

2. 康复专用教室升级改造工程项目

2017年12月，江苏省教育厅、江苏省机构编制委员会办公室、江苏省发展和改革委员会、江苏省民政厅、江苏省财政厅、江苏省人力资源和社会保障厅、江苏省卫生与计划生育委员会、江苏省残疾人联合会联合下发《江苏省第二期特殊教育提升计划（2017—2020）》。

重点任务：完善特殊教育体系，增强特殊教育保障能力，提高特殊教育质量。

主要措施：加快发展学前三年特殊教育，巩固提高义务教育普及水平，积极发展中等以上职业教育，健全特殊教育经费投入机制，健全特殊教育支持保障体系，加强特殊教育师资专业化建设，提升特殊教育课程实施质量等内容。

徐州市特殊教育学校依据第二期提升计划的目标任务，结合学校实际情况积极参加了申报，经多次研讨后决定申报项目为康复专用教室升级改造工程项目。

（1）调整康复楼整体布局。个训室、集体教室相对独立，分开设置，减小影响。设置8个集体教室、15个个训室。个训室集中安置在教学楼东面，每个教室面积8~12平方米。集体教室安置在个训室西面，每个教室面积50平方米。

（2）设置康复训练所需功能室。主要有评估室3间、言语矫正室1间、听觉训练室1间、认知训练室2间、情境教室1间、玩教具室1间、幼儿图书室1间、档案室1间、律动室1间、语言训练室1间、生活技能训练室1间。

（3）改造各室声学环境。教室的墙壁、天花板、地面进行吸声处理：墙壁、屋顶贴吸音板，内置吸音棉吸收噪声；集体教室天花板下吊网格，网格上挂饰品，降低教室混响；集体教室地面铺PVC地板，个训室在此基础上再加铺地毯，防滑的同时防止声音的折射，防止混响时间延长；个训室加装双层单反玻璃，集体教室窗户作隔音处理，阻止外界噪声传入。

（4）教室装修与康复训练设备购置。康复训练不仅需要专业的教师、科学的康复，从一定程度上来说，更依赖专业的康复设备来提高康复的效果。我校根据实际情况，配置必要的康复设备，为开展康复教学提供了必要的保障。

申报康复专用教室升级改造工程项目，将会为聋童提供符合声学环境的康复场所，创设愉悦轻松的学习氛围，激发了聋童的学习兴趣，有利于开发聋童的思维能力，提升他们的发展空间，缩小与健全人的差距，升级改造体现了教育的平等，从而使康复训练的成效最大化，造福更多的残疾儿童。

2019年4月15日至17日，由江苏省融合教育资源中心主任陈蓓琴带队，无锡市特殊需要儿童早期干预中心主任朱一敏、江苏省特殊教育指导中心特聘研究员储昌楼、扬州市江都区特殊教育指导中心主任郭志方一行四人，对徐州市贯彻落实《江苏省第二期特殊教育提升计划》《关于加强普通学校融合教育资源中心建设的指导意见》情况进行了调研指导。

4月16日上午，专家组根据申报情况到徐州市特殊教育学校进行了实地调研。通过本次视导，专家组对徐州市特殊教育开展情况给予高度肯定，视导专家一致认为徐州市特殊教育融合发展，呈现出"徐州有模式，区县有范式，校校有特色"的良好局面。同时，专家组也对徐州市特殊教育下一步发展提出了中肯的建议和意见。

（四）督导评估促发展

由于特殊教育的特殊性，长期以来，教育管理部门对特教中心的关照多以慰问和视察为主，督导主要着眼于建设规划、设施配备、经费投入等硬件方面，无法在办学思想、课程实施、教师发展方面做出专业的判断、监督与指导，在普通教育制度日益完善的同时，特殊教育成了督导的死角。

2015年8月6日，徐州市人民政府下发《进一步加快特殊教育事业发展意见的通知》（徐政办发〔2015〕127号），进一步加强对特殊教育工作的组织领导，落实各级政府发展特殊教育的责任。各地要把特殊教育事业纳入经济社会发展总体规划及教育事业发展规划，进一步落实编制、发改、教育、公安、民政、财政、人社、卫计、残联等部门和单位发展特殊教育的职责，在保障残疾人入学、孤残儿童抚育、新生儿疾病筛查与治疗、特殊教育学校经费投入、教师编制和工资待遇、残疾人口统计等方面各司其职、通力合作，不断加快特殊教育事业发展步伐。

文件提出实施特殊教育督导评估。各级政府教育督导机构要将特殊教育工作列为督政督学的重要内容，督促下级政府及相关部门依法履行职责。市有关部门要将特殊教育事业发展水平纳入教育现代化建设监测评估，逐步建立特殊教育质量监测评价体系，促进特殊教育事业持续健康发展。为此，徐州市政府教育督导团探索建立"社会参与、专家领衔、个性定制"的教育督导新模式，依据《残疾人教育条例》《特殊教育暂行规程》和最新出台的《特殊教育课程标准》，研究制定了《徐州市特殊教育学校综合督导评估指标体系》，委托第三方教育评估机构——徐州炬创教育咨询公司独立开展评估。

2017年6月19日至20日，徐州市人民政府教育督导团通过第三方教育评估机构对徐州市特殊教育学校进行了为期两天的督导，并邀请全市特殊教育学校校长现场观摩。聘请江苏省特殊教育专业委员会理事长丁勇、北京市东城区特殊教育学校校长周晔、南京市聋人学校原校长陈金友、全国特殊教育信息化专家杨宁春、西安盲聋哑学校校长高磊五位专家，通过听取汇报、随机听课、查阅资料、现场查看、师生问卷、个别访谈等形式对徐州市特殊教育学校进行了全方位的督导。

在反馈会上，专家们从学校的办学思想、办学条件、学校管理、教育教学、办学绩效五个方面对学校办学情况做出实事求是的评价。为最大限度发挥督导效益，市教育督导团还特地邀请了徐州市属县（市、区）特殊教育学校校长参加了督导反馈会。评估专家一致认为，近5年来学校在新的领导班子领导下取得了显著成绩。

1. 提炼学校办学理念

办学理念与校园文化是学校发展的灵魂，是一所学校核心价值理念的集中表达。基于学校是三校合并而成，理念系统不统一，各项管理制度10余年没有修订，李之刚校长刚上任时，遵循特殊教育发展的规律，结合学校现状及未来发展愿景，着手规划设计学校的核心价值理念与校园文化。历经一年半的时间，其间数易其稿，遍请特教专家、普教专家指导与到学校论证，最终确定了学校在新时期以"和融适切"为核心理念，以"弘毅乐上"为校训，以"融爱于行，和合共生"为校风，以"融情于教，静待花开"为教风，以"融思于学，乐观自信"为学风，以"落实立德树人，构建和融校园，成就精彩人生"为培养目标的学校办学理念系统。新的学校办学理念体现了学校的办学之道、求学之道、管理之道与师生的人文道德素养，展示了学校在新时代的新形象。

构建学校发展新格局。自2015年之后，徐州特教学校的办学之路在李之刚担任校长的短短时间内，坚持普特融合、多元发展的办学思路，全面提升了办学功能，学校呈现出强劲的发展态势。2016年创办了盲部中专班；2017年学校与北京五彩鹿儿童行为矫正中心合作，成立了徐州市第一家自闭症儿童康复基地——徐州五彩鹿儿童发展中心，联合开展自闭症教学实践研究工作；逐步实施特殊教育送教上门与巡回跟踪指导工作。学校还修订了各项管理制度，完善用人机制，把握正确的舆论导向，不断加强作风建设，强化政策措施的执行力，建设人性化的学校服务管理体系，使学校各项工作环节上不留空当，责任上不留空位。

2. 打造育人新模式

在学校"和融适切"的办学理念下，近年来，学校坚持践行立德树人与教育教学融合发展战略，积极构建全员育人、全科育人、全程育人、全方位育人新模式，引导广大学生在生活与学习中发现美、践行美、体验美、创造美，让每个孩子成为最好的自己，学生的综合素质显著提升。

逆向融合，让学生回归本真。近年来，学校在国内特校纷纷效仿的竞争中积极向上，花大力气研究与实践新的融合教育理论体系和安置模式，在对特殊儿童进行融合教育的过程中全面开展医疗康复、教育康复、功能训练和心理辅导等服务，进一步配足配齐各种听力检测与评估设备，重点做好一对一的个别化训练工作。2016年至今，康复大班150名聋儿经过训练到健听幼儿园或小学学习；融合部后续班的六年级聋生顺利毕业，他们在听力、语言、思维等方面都得到了很大的提高，50%的聋儿能够与健全人直接对话。逆向融合教育有力地推动了特殊儿童社会化成长。

职业教育，让学生自立有为。近年来，学校以市场为导向，不断加强对职业教育的统筹管理，加大双师型教师培养，职业教育工作得到快速发展，盲人推拿按摩与工艺美术专业通过省级合格专业检查验收，并被评为徐州市中职学校特色专业。2016年至今，毕业的学生全部直接安置就业，没有将一个人推向残联和社会。学校先后被省残联、省人力资源和社会保障厅命名为省级残疾人职业培训示范基地，被中国残疾人联合会命名为国家级残疾人职业培训基地，李妍参加全国残疾人职业技能茶艺项目大赛获得第二名。受市残联委托，学校还先后多次面向全市残疾人开展盲人推拿按摩、计算机运用、剪纸等培训活动，受训人员500多人。

艺体教育，让学生阳光向上。近年来，学校积极开展高雅艺术进校园活动，为盲聋学生全方位搭建宽口径、厚底蕴的成长平台，使艺术教育活动成为学校品牌和校园文化建设的重要组成部分。2016年至今，艺术团先后多次深入驻徐部队、干休所、养老院、社区演出，赢得了社会各界的好评。书法教育坚持天天练习、周周考核、月月总结，目前书法教学已在学校初见成效。2017年学校田径队在江苏省残疾人田径锦标赛中获得12金5银的优异成绩。2018年6月舞蹈《化蝶》荣获全省中小学艺术展演三等奖；8月学校田径运动队参加江苏省第十届残疾人运动会，共取得6金10银6铜的优异成绩；9月学校聋人足球队受省残联委托，代表江苏参加了在北京举行的第十届全国聋人足球锦标赛获得第十一名；11月学校聋人啦啦操队参加全国啦啦操冠军赛获得公开成人组第一名。2019年12月在第四届全国残疾人排舞公开赛上，学校12名选手参加三个项目的比赛，喜获两个特等奖和一个一等奖，总分位居参赛队伍第三名。

3. 谱写发展新篇章

2016年后，学校以学生的全面健康发展为出发点和归宿，积极推动学校融合、艺体、信息技术三大亮点和融合、职业、艺术、康复四大特色建设步伐，追求内涵发展，重塑学校精神，努力培养学生尚礼好学、阳光快乐、自立自强、残而有为，把各项工作推向一个新的发展阶段，谱写了学校在新时期的发展新篇章。

5年来，学校高考升学率始终保持在100%，本科升学率50%，教育教学成绩在全市聋哑学校中遥遥领先。2年来，学校还先后组织三批骨干教师赴陕西宝鸡市特教学校开展对口帮扶与送教上门、送课进班活动，均取得了显著的效果。2016年至今，学校先后有5人次分别被评为徐州市首届领军名师、带头优师和青年良师，21位教师在徐州市第七届特殊教育教师基本功大赛中获一、二、三等奖，9人获徐州市中小学优质课评比一、二等奖，承担省市级18个立项科研课题的研究任务，182篇论文在国家、省市级杂志上发表或评比中获奖，2019年学校被评为徐州市新入职青年教师培训单位。2016年至今，学校先后多次接待来自英国，中国香港、中国澳门、中国台湾等国家和地区专家同行的参观访问，与英国特拉福德彼克特学校建立了国际友好学校关系。2019年6月承办了"新时期融合教育高质量发展论坛"，来自全国各地的300余位特教专家与同行参会，本次大会为新时期融合教育高质量发展指明了方向、增添了动力，也对全国各地融合教育深入推进产生了积极影响。在这次大会上，学校还牵头成立了淮海经济区特殊教育发展联盟，汇聚了区域推进融合教育高质量发展的强大合力。目前，徐州的特殊教育事业在全国已有较高的辐射与影响力。

2016年至今的5年，是徐州市特教学校发展速度最快、环境最好的时期，尤其通过建立与完善学校核心办学理念体系这个支点，撬动了事业又好又快发展，使学校面貌发生了巨大改观，特色亮点纷呈，广大师生真正得到实惠。5年来，学校先后荣获国家生态环保教育示范学校、江苏省文明校园、江苏省健康学校、徐州市教育先进集体、徐州市彭城恩师建设先进单位、全国环境教育示范学校、中美"千校携手"项目示范学校等荣誉称号，学校聋儿康复中心被评为江苏省三级听力语言康复训练机构，这是全省最高的聋儿康复等级。目前已成了区域内的特殊教育示范实验教学中心、融合教育指导中心、康复中心、师资培训中心和发展研究中心，在全省及淮海经济区特教学校中继续领跑，每年都10余次接待来自省内外的特教专家、同行参观学习与交流。

4. 恪尽职守显本色

近5年来，在以李之刚校长为首的学校领导集体，政治立场坚定，讲党性，顾大局，勤于思考，看问题有见解、有深度；李之刚本人经过多个重要岗位锻炼，领导经验丰富，熟悉学校各项管理工作，组织协调和驾驭全局能力强，工作定位高、思路清、办法多、措施实。通过评估可以看出，学校领导集体工作作风扎实，事事能从学校整体利益出发，坚持原则，勤奋敬业，以身作则，为人朴实，处事稳重，经常加班加点，从没有节假日和休息日，努力在师生中发挥模范带头作用。

李之刚作为班长，在决策中能够带头坚持民主集中制，充分发扬党内外民主，重大事情集体商量决策，使学校各项工作环节上不留空当，责任上不留空位。作为校长，他始终将自己的言行置于全校师生的监督之下，坚持原则，廉洁自律，勤勤恳恳为师生服务，每周深入各部听课，调研课改落实情况。平时管理工作中，要求他人做到的自己首先做到，每天到校都坚持检查早操、卫生，上班时间深入教室、操场、食堂，晚上深入学生宿舍查寝，与学生谈心、交朋友；与中层干部一起，指导、监督、检查工作，发现问题及时解决。5年来为学校建立并完善了一整套科学的管理制度，培养并锻炼了一支能打硬仗、勇争一流、乐于奉献的教师队伍。

第 二 章

学校管理与运行机制

在学校管理工作中，我们认识到人类的进步、经济的振兴乃至整个社会的进步，都取决于劳动者素质的提高和大量合格人才的培养。"百年大计，教育为本"。要培养合格人才，就要用科学理论来指导培养人才的实践，就必须用科学的方法来管理学校。

一、建立完善的岗位职责和规章制度

学校管理既是一门科学，更是一门艺术。建校以来，我校始终坚持民主办学、集思广益，充分体现了学校"以人为本，民主管理"的理念，进一步激发了全校教职工的积极性、主动性和创造性，发扬团结、奋进、求真、务实的精神和努力拼搏的优良传统，使我校的教育教学、管理水平上升到一个新的高度。

规章制度是学校开展各项工作的标尺，是广大师生员工进行自我规范的依据，是学校可持续发展和创办一流办学目标的保障。

1992年9月，《徐州市聋哑学校规章制度全员岗位职责汇编》正式公布。职责汇编共设党支部书记工作职责、校长工作职责等34项职责，教职工代表大会制度、学校行政工作会议制度等39项制度。通过规章制度的实施和落实，学校工作的开展有了衡量的标尺，实现了从传统经验型向科学民主型的管理转变。

1993年3月，铜山县第二聋哑学校党支部、校长室编写了《铜山聋校规章制度全员岗位职责汇编》，分为"岗位职责篇"三十九条，"规章制度篇"

七十六条，"考核评选篇"十六条，体现了教育方针的基本规律，反映了学校管理的客观规律，具有很强的操作性。1993年9月，江苏省教育厅发布的《江苏省中小学常规管理基本要求（试行稿）》开始实施，这些文件成为学校依法治校，深化学校管理改革，提高学校管理水平的准则。

1998年12月，教育部发布《特殊教育学校暂行规程》（教育部令第1号），共分九章六十八条，主要对残疾儿童少年实施义务教育的入学及学籍管理、正常的教学工作、校长及其他人员的编制设置、卫生保健及安全工作、有关特教的经费渠道及学校和家庭的相互配合等诸方面作了详细的规范。

根据国家及省厅有关文件精神，1999年3月，铜山县聋哑学校党支部、校长室又重新修订汇编了《铜山县聋校学校管理手册》，使之更加规范化、科学化、系统化。

2005年2月，徐州市特殊教育中心、铜山县聋哑学校总结了学校自建校以来形成的一些成功经验，同时借鉴了其他学校的科学做法，经过教职工讨论和领导班子多次修改后，新的《学校管理手册》正式实施。《学校管理手册》共分三个部分，其中，"岗位职责篇"四十三条，"规章制度篇"八十七条，"考核奖惩篇"四条。新的《学校管理手册》成为学校的法律准绳和行事准则，成为每位师生自我约束的重要依据。

二、依法依规管理，促进学校内涵发展

通过建立健全更加完善的各项岗位职责和规章制度，学校各部门进一步落实全员管理、全方位管理、全过程管理，实现了从传统经验型向科学民主型管理的转变，从人治型管理向法治型管理转变，形成民主化、科学化的管理模式，推动了学校各项工作再上新台阶、新水平。

（一）聋部

我校聋教育是集义务教育、普通高中、职业高中于一体的全日制综合性聋人教学部门。高中教育和职业高中教育是经徐州市教育局批准挂牌的徐州市唯一公办聋人高中。本着"'和而不同，乐而不松'，努力做好自己，以积极的态度影响别人，成就学生同时成就自己"的管理理念，教育着每一名学生。

1. 历史回顾

徐州市聋哑学校自转为公办以后，实行小学六年制；1964年开始实行十

年制教育，1967年改为八年制；1978年教育部委托上海市聋哑学校编写全国通用的八年制语文、数学教材后，徐州市聋哑学校、铜山聋哑学校均采用这套教材，学制改为八年一贯制。

1985年5月27日，《中共中央关于教育体制改革的决定》发布。该决定指出了我国教育体制在教育事业管理权限的划分、教育结构、教育思想、教育内容、教育方法上存在的弊端。提出我国教育体制改革主要有四个方面的内容：第一，把发展基础教育的责任交给地方，有步骤地实行九年制义务教育。第二，调整中等教育结构，大力发展职业技术教育。第三，改革高等学校的招生计划和毕业生分配制度，扩大高等学校办学自主权。第四，强调加强领导，调动各方面积极因素，保证教育体制改革的顺利进行。

2. 并开普高和职高班

根据文件规定，徐州市各聋哑学校均实行九年制义务教育，采用部编聋哑学校教材，学生毕业后具有初中文化水平。由于徐州各县均建有聋哑学校，因此我校聋部小学部主要面向市区及贾汪区、铜山区招收7~10周岁有一定生活自理能力的聋生。聋生生源逐年下降，聋部每班的学生数由原来的20多人逐渐减少。目前学校班额按照2012年1月1日施行的《特殊教育学校建设标准》规定，执行班额最大不超过14人。

根据社会发展需要，部分毕业生渴望能够继续学习，更好地服务于社会。为此，我校特向徐州市教委申请开办聋人职业高中班。1998年6月，徐州市教委下发《关于徐州市聋校开办聋人职业高中班的批复》的文件（徐教〔1998〕162号），面向全市范围招生。徐州市教育局要求学校：积极进行职业高中班开学前的师资、设备、实验等准备工作。

2008年3月28日，中共中央、国务院发布了《关于促进残疾人事业发展的意见》，明确指出要"加快发展高中阶段特殊教育"。2009年5月7日，国务院转发教育部等部委《关于进一步加快特殊教育事业发展的意见》，提出要"加快发展以职业教育为主的残疾人高中阶段教育"。

根据徐州市聋教育分布情况和聋生的实际数量，学校决定聋人高中部实行并列开设普通高中和职业高中双轨并行学制，主要面向徐州市及周边地区招生。普高班主要向天津理工大学、长春大学、南京金陵科技学院、郑州师范学院、北京联合大学、中州大学等高等院校输送合格聋人高中毕业生。

学校的普高班分计算机和美术绘画两个高考方向，毕业生除修完普通初高中的文化课程外，计算机方向还要学习《全国计算机等级考试一级B教程》，熟练掌握计算机基础和操作知识；美术绘画方向学生系统学习素描、色彩、人物速写等高考课程。

职高班开班以后，认真规范课程设置，积极进行教学改革，加强常规管理，不断提高教育教学质量，努力使学生在思想道德、文化知识、专业理论和技能等方面达到社会主义市场经济的要求，成为残而不废、为社会主义建设贡献力量的有用人才。

职业高中班实行"一凭多证"制度，突出专业技能培养，主要开设工艺美术、烹饪（面点方向）、计算机应用等专业。实行职业培训、实习指导、帮扶就业、职后再培训等"一条龙"职业教育服务，实现了人人可就业的良性循环，出现了供不应求的局面，解除了家长及聋生的后顾之忧。学校职业实训场所也被江苏省残疾人联合会命名为省级残疾人职业培训示范基地。

2012年11月30日至12月1日，中国聋人高中教育发展战略研讨会在南京举行，来自全国27个省、市、自治区的近200位校长、教师和部分特教院校的专家参加了此次研讨。我校领导、教师参加了会议，这对于我校发展聋人高中起到了引领作用。

自2008年以来，学校聋部已连续十余年实现了高考升学率100%，其中本科上线率达50%以上。

（二）盲部

1995年之前，徐州市盲童教育没有专门的学校，大多数盲童失学在家，仅有少部分在当地小学随班就读。发展盲教育事业，是贯彻落实《中华人民共和国义务教育法》，实施《残疾儿童少年"八五"规划》，保护盲童依法接受义务教育权利的重要措施。

1. 筹建盲童学校

为解决盲童上学问题，提高残疾儿童少年入学率，1993年2月，徐州市教育局下发《关于筹建徐州市盲童学校的意见》（徐教〔1993〕22号）的文件。文件决定：根据江苏省教委和徐州市人民政府的意见，拟在铜山县第二聋哑学校内筹建9个班规模的徐州市盲童学校。为了把徐州市盲童学校建好，要求铜山县教育局在学校用地、房舍建设及教育设施、设备等方面拟出具体方案，并报市教育局共同商定。由于盲童需要面向全市招生，限于在铜山县筹建盲童学校在体制上、经费使用方面有一定困难，这项工作最终没有落实。

为落实江苏省教委提出的"1995年全省基本普及盲童教育"和徐州市特殊教育会议精神，适应各地开展盲童随班就读需要，徐州市教委于1994年举办盲童随班就读师资培训班，我校抽调热爱特殊教育事业、汉语拼音及普通话基础较好、能适应小学阶段大循环教学的教师参加了培训工作。

2. 盲部的建立

在征求省教委和市政府筹建盲童学校意见之后，1995年9月，市教育局下发《关于在徐州市聋校设立盲童部的决定》（徐教〔1995〕177号），决定在徐州市聋哑学校设立盲童部，由徐州市聋哑学校负责筹建，同时加挂徐州市盲童学校校牌。

根据徐州市残疾儿童生源分布情况，徐州市教育局每年下发特殊教育发展指导性文件，规定智障儿童由县区特殊教育学校施教，聋哑儿童由徐州市聋哑学校和县区特殊教育学校施教。1995年盲部成立后，当年即招收盲童学生10名。由于徐州地区盲童所占比例较低，开办初期实行两年一次招生制度，招生年龄在8～12岁范围内。徐州市盲童学校的建立填补了徐州地区没有盲人教育的历史，改写了徐州盲童远赴南京、扬州上学的历史局面。

发展盲教育事业，是贯彻落实《中华人民共和国义务教育法》《残疾人保障法》和《残疾人教育条例》，完成《徐州市残疾儿童少年"八五"规划》，保护盲童依法接受义务教育权利的重要措施。盲教育坚持社会主义办学方向，坚持面向全体盲童，从盲童的身心发展规律出发，注重全面打好基础，坚持因材施教，在学习科学文化知识的同时，加强劳动和职业技术教育，注重学生的缺陷补偿，合理安排课程和各项活动。

盲部的办学规模根据徐州市盲童的实际人数确定，1995年9月盲部正式开班，当年招收10名学生。盲部的建立填补了徐州特殊教育的空白。刚开始几年，实行隔年招生制度，随着生源情况及社会的广泛宣传，改为每年招生，招生年龄在8～12岁。到1997年，已有20名盲童在校读书。

盲部以"为视障学生终身发展奠基，培养他们成为自食其力对社会有用之才"为理念，采用盲校义务教育实验教材，课程设置符合盲生未来就业特点，完全满足徐州市盲生接受九年制义务教育和三年中专教育的能力。盲教育执行国家全日制盲校课程计划，开设思想品德、语文、数学、社会、自然、体育、定向行走、音乐、美工、认识初步与生活指导、劳动11门课程。盲校教师大多数为南京特殊教育师范学校盲教育专业的毕业生。

如何让盲童享受正常人的生活，发挥他们的特长，盲部的教师们结合实际教学，根据盲童的生理和心理特点，将学习与人的生活环境、健康成长及交通、体育、娱乐、饮食、科普知识等联系起来，使枯燥乏味的教学活了起来。2015年6月，在江苏省盲校学生"诵读经典·品味书香"古诗文诵读大赛中，盲部七年级张家祥同学荣获中学组一等奖，五年级学生孟子潇荣获小学组一等奖。

看电影是很多孩子最喜欢的事情，然而对于盲童来说却遥不可及。盲童"看"电影，在我校已成为一项定期的活动。通过教师对电影场景的解说来"看"电影，让盲童感受到电影的魅力，从而激发他们的好奇心和想象力，潜移默化地传递给他们正确的社会行为模式信息，为视障者带来"看得见的希望"，让盲童能和普通孩子一样享受到优质的现代教育资源。

徐州琴书是全国三大琴书之一（北京琴书、山东琴书、徐州琴书），江苏省三大曲种之一（徐州琴书、苏州评弹、扬州评话），已有300多年历史。孙成才和老伴朱邦霞是徐州琴书创始人，为徐州琴书的形成和发展做出了巨大贡献，在全国曲艺界具有很高的威望和知名度，被广大书友尊称为"琴书泰斗"。盲部的学生跟随91岁的徐州琴书老前辈朱邦霞学唱徐州琴书。她不仅到徐州市特教中心教盲童唱歌，还帮助培养了一支盲人合唱团和一支盲人电声乐队。盲人电声乐队的主唱、键盘手、架子鼓、电贝斯都由盲童担任，平均年龄在10岁左右。

（三）融合部

融合部于1998年在全国首创，就是把一部分经过康复训练的孩子和正常孩子放到一个班进行教育，让他们在一个完全平等的环境中学习、成长。

1. 融合部情况介绍

融合部办学起步早，起点高，设施优良，经验丰富，成果显著，全国领先，有山东、河南、湖北、安徽、浙江等地弱听学生在此就读。现有12个双轨教学班，小学一至六年级，共有学生350人，专任教师36名，有专业语言训练教师、保健医生、助听器验配师。其中高级教师11名、中级教师24名、医生1名。

为了更好地与义务教育接轨，融合部采用全日制小学的基本学制，使用江苏版正常小学国标教材。培养目标是：语言得到发展，知识得到提高，人格得到尊重，个性得到张扬。学校从一年级起开设英语、计算机课程。学生在英语、写作、音乐、绘画、舞蹈、书法、计算机等方面特长凸显，保证特殊教育学生从起跑线开始就不低于其他孩子。

融合部每年级分两个班，A班为健听班，B班为弱听口语班，采用普通学校教材，是"融合教育"国家级研究课题实验班。常识课、活动课两班学生一起教学，弱听班每周有5节语言个训、组训课，学生口语进步飞速。学校实行小班化教学，管理严谨，教育教学成绩显著，写字教学特色教育全国领先，已有多名学生被重点初中提前录取。2009年，康复班的李雅萌等29名聋童经过科学训练后回归徐州市王杰小学等学校就读，到2019年，有68名弱听学生回到普通学校就读。

2. 融合教育得到社会认可

融合部办学宗旨是"办有灵魂的教育，育有潜力的英才，为新时代精英奠基"，坚持"办学前瞻创新，实验精致领先，学生展能励志，教师专业发展"的办学理念，开展一系列工作。从2011年开始加强了学生一日常规训练工作，重点规范学生上下课纪律，出操队形，每天穿校服、戴红领巾等。陶笛、书法、语训特色进一步显现，在慧声琴行的帮助下，还组建了陶笛队，每周进行集中训练。书法课质量不断提高。教研气氛也日益浓厚，经常组织教师到普通小学学习。2012年开始举办优质课比赛，举行了教师硬笔书法大赛，开展了学生读经典、诵经典活动，全体家长、教师、学生参加，活动效果明显。为加强教师的思想教育工作，融合部每年都组织学习师德专题材料，举办师德演讲比赛，活动的开展提高了教师的素质，更好地调动和激发了教师们的工作积极性。

随着国家政策的支持、社会对融合教育认识的提升，各地特殊学校纷纷大办融合教育，前来学校参观融合教育的络绎不绝。2015年9月，湖南益阳、江苏常州教师来校学习融合教育的办学经验。2019年10月，山东基础教育学校发展共同体（特殊教育）"送教上门"研讨会一行一百八十余位领导专家来校参观交流融合教育办学经验。

随着融合教育办学规模不断扩大，融合教育得到了社会的认可，逐步成为我校的一张办学名片。在全纳教育理念下，正向着科学化、专业化、信息化和国际化的方向迈进。

（四）康复部

1991年7月，经国务院批准，国家教委、中残联等单位、团体召开了残疾人工作的专题会议，研究部署了"八五"期间残疾人工作的总体安排。会议听取并一致同意国家教委关于残疾人教育事业进展情况和"八五"期间主要任务的报告。报告认为，残疾人教育发展较快，特别是聋儿听力语言训练取得了较快发展。

1. 早期的聋童康复

徐州市开展聋童康复教育由来已久。从1988年开始，铜山县聋哑学校尝试在一年级低龄学生中开设聋童康复训练课，通过简单的打击乐器、钢琴等进行发音器官训练，通过吹气球、吹纸蛙训练说话技能，以此来提升聋童运用发音器官的能力。由于缺少必要的训练设备和仪器，主要采用这种土办法进行训练，这可以说是农村聋哑学校进行聋童康复训练的萌芽，引起了南京特殊教育师范学校的注意，专门来学校观摩学习。

1990年9月，徐州市聋哑学校开始筹备学前康复班，开设口语训练、初步识字、游戏等课程。开设初期没有教材，没有可借鉴的资料，只能摸索前行。

1992年3月，铜山县第二聋哑学校开设聋童康复班，主要为全市0～6岁听障、盲、脑瘫等残疾儿童服务。1993年9月，铜山县第二聋哑学校与徐州市残疾人联合会联合创办徐州市聋儿康复中心，专门对2～7岁聋儿进行语言康复训练。中心下设听力技术部、语言训练部和聋健合一幼儿园，为聋童语言康复和回归主流创造了条件。康复中心成立以来，学校在残疾儿童康复训练方面进行了大量的研究、探索和实践，取得了显著效果，每年都有30多名学前听障儿童回归普通幼儿园、小学就读。

2. 快速发展

2010年以后，康复部遵循科学发展规律、儿童发展规律，充分利用国家彩票公益金项目、江苏省残疾人联合会0～6岁康复项目、徐州市慈善总会

"聆聪语训"工程等一系列项目，加强与徐州市各区、县残联和徐州市慈善总会的合作，并作为指定定点训练机构吸纳了来自徐州市各区县近110名聋童进入中心进行训练，超额完成了初期制定的招收100名聋儿的目标。

到2012年，在康复部接受语训的聋童已达140多名，班级13个，教职工30多名，成为徐州市乃至江苏省规模较大、教学质量较高的聋童康复中心。2014年，康复部已被省教育厅批准为第一批"医教结合"实验基地。2015年，学校选送的2名聋童参加了首届江苏省听障儿童演讲比赛，获得第二名、第四名的好成绩。

3. 加大改革力度

深入教材改革。康复部使用幼儿园的教材，以增加学生语言的刺激量及丰富性，促进学生语言、认知与能力发展的整合，以缩小与同龄正常学生之间的差距。

为了加强考核对教学的引领作用，完善聋童的康复评优点体系，学校专门成立了评估组进行评估，评估促进教师的教学，促进孩子的语言发展，提高孩子的全面素质。

做好家校联系工作。康复部利用每次的调休时间进行聋童家长培训，内容有专家讲座、观看成果汇报、家长经验交流、集中培训、观摩课堂教学、实际操作等，提高了家长对康复的认识，增强了家庭康复的技能，提高了孩子的康复效果，让家长培训成为连接学生和学校的一座桥梁。

徐州市聋儿康复中心拥有60多万元的助听器验配室，添置了先进的听力检测仪、助听器分析仪和耳膜制作设备。5名听力技术人员均接受过多家助听器公司的专业培训，能采用科学的方法为聋儿验配理想的助听器。中心长期为聋儿免费进行听力检测，并定期为贫困聋童捐赠助听器。

中心有高素质的教师队伍。全体老师多次接受新加坡及中国香港、中国澳门等康复专家的指导，有丰富的教学经验。多名教师被省市残联评为"残疾人康复工作先进个人"，有8名教师在省市教育系统举办的青年教师基本功大赛上荣获一等奖。

中心坚持实行主题教学，并运用上海泰亿格公司研发的"启音博士"训练软件进行训练，取得了突出的效果，使聋童在科学、有趣的氛围中学习语言。同时，中心积累多年的办学经验，组编了一套适合聋童语言循序发展的康复教材，为教师教学及家庭训练提供了便利。

中心还创办了英才实验幼儿园，采用聋健合一的教学模式。目前有聋童56名、健全儿童158名，达到聋健比例1∶3的理想环境。确保聋童能和正常儿童一起学习生活，有利于聋儿身心健康发展，保证聋儿全面康复。

康复部秉承"康复一名聋儿，争取一份未来，温暖一个家庭，影响一片天地"的办学宗旨，以"能听会说，交流自如，全面发展"作为康复目标，每年有近30名儿童回归普通学校就读。到2019年底，康复部在训聋儿达到144名，班级13个，教职工35名，现为江苏省三级定点康复机构，是全国规模较大、质量较高的聋儿康复中心。

（五）后勤保障

良好的后勤服务是学校工作的重要组成部分，为顺利开展教育教学活动提供有力的保障，学校后勤保障部门本着"服务教育教学，服务师生生活"的宗旨，遵循学校总体工作思路，在校长室和各处室的配合下，在教职工的支持下，促进总务管理规范化，努力提高后勤服务质量。

1. 立足本职，服务一线

加强后勤人员的思想工作，通过组织学习、思想工作，让他们安心于后勤工作，爱岗敬业，提高服务意识，提高服务质量，让后勤人员都有一种"特教是我家"的观念。配合学校开展工作基本做到一线问题需要后勤协作的，做到随叫随到，力争做到解决问题快、不留尾巴。为了加强校园管理，我校还制定了相关文件，开展巡回检查，从而保障校园安全，杜绝了安全隐患。

改善教学环境和学习环境。每学期在开学伊始，做好学生桌椅床的准备工作，为节约开支，大多采取该修就修，不能修的也储存好，基本上满足了教学的需要。安排专门的水电管理员，维修及时、服务到位。由于学校水电线路老化，经常要进行修补更换，凡是影响到教学工作的事都及时处理。

2. 加强管理，开源节流

资金是学校的命脉。按照学校的总体要求，工作做到了主动性、服务性、全局性。严格遵守学校的规章制度，积极开源节流、勤俭持家，做到了收支有计划、有审批、有手续。如"物品采购报批"制度，学校各部门所需的教学物品均由部门提出申请、主管领导审批、一把手校长签字、后勤统一采购，避免了过去谁用就买、谁需要谁都可签单的无序状况。实行"物品发放按需"的管理制度，有效地节约了办公开支。

食堂工作是学校教学工作的保障，在食堂管理上逐步形成了一套严密的管理制度。从2013年开始，通过师生伙食监督小组对食堂进行监管，每周及时将检查结果反馈给食堂师傅，并且将检查结果作为考核指标，在一定程度上起到了促进作用。2017年，按照要求学校食堂每天的物品及食品的采购均有安全卫生和价格方面的监督，基本保证了饭菜达到师生满意。2018年，学校食堂被评为"江苏省示范食堂"。

3. 安全保卫，重于泰山

学校安全工作警钟长鸣。本着"安全重于泰山"的宗旨，学校始终把安全工作放在首位，把安全工作贯穿于教育教学始终。如举办救护专业知识培训，举办安全疏散演习；联合各班举办安全自救知识讲座，提高学生的安全意识和防范、救护能力；通过板报、手抄报、班队会的形式加大安全宣传力度，增强学生的安全意识；对学生进行防火、用电、防雷击、防水及上下楼梯、体育锻炼、饮食、交通等方面的教育。

2016年，学校根据实际情况制定了《安全管理制度》和《学生一日常规要点》，明确了各个时段值班人员的工作职责。为了确保学生安全、学校稳定，我校细化了学校值班、交接班、课堂教学、课间看护、就寝等各项工作常规，实行24小时值班制度，细化学校管理的各个方面、各个环节、各个细节，形成了学生时时有人管、事事有人抓的良好局面，构建了学校安全运行的有效机制，确保了学校的安全稳定。

4. 基建工作，一丝不苟

从1950年至1972年，学校基本上都是在私人住房、废弃民房及闲置教堂办学。由于办学条件不符合要求，加上资金的困难，无法改变原有房舍的用途。1972年，学校搬迁到徐州郊区三官庙村以后，各种基建项目陆续开展起来，平整了道路，修建了花坛，对原有的房舍进行了整修。1988年7月，学校教学楼开始建设，12月竣工。学校的规模不断扩大，市教育局又于1990年批准建设了新的教学楼及律动专用教室，1994年又建设了操场、篮球场。至此，学校建设基本完成。

铜山聋哑学校建校初期，学校只有原来留下的一排平房，加上唐山大地震的影响，学校临时建立了简易的地震棚作为食堂和宿舍，解决了当时急需校舍的困难，同时学校开始了基建工作。1977年初，两排教室开始建设，边上课边建校的状况持续了近3年时间；1979年4月，学校男宿舍楼落成，学生从地震棚迁入；1982年12月，教学楼竣工，二至八年级搬进新教室；1983年9月，女宿舍楼建成，女生及单身职工迁入新宿舍，基本改善了师生的住房条件；1992年5月，学校新建教学楼竣工，完全满足了教育教学的需要。至此，学校校舍建设基本完成。

1990年，铜山县第二聋哑学校刚建校时利用原铜山县教学仪器厂食堂的4间房屋当作教室，4间职工宿舍作为办公室，2间车库作为学生食堂。1991年，在上级教育主管部门大力支持下，加大项目投资力度，开始大规模校舍建设。建设过程中严格管理程序，实施监督，使基建工作纳入规范化轨道。1991年至2000年，新建校舍近17000平方米，包括教学楼、行政办公楼、科技楼、多功能综合楼等，校舍建设实现了坚固、耐用、美观的目标。与此同时，学校筹措资金1000万元，建起两栋96套计8000平方米的教师公寓，满足了教师的需求。

两校合并后，2006年，学校职教楼建成并投入使用。2008年，康复中心大楼在我校全面开工建设，建筑面积达15000平方米。2013年，建成了新食堂与学生宿舍楼，满足了师生食宿的需要。2020年，学校艺体楼在市政府会议上审核通过。

（六）徐州市特殊教育发展指导中心

为进一步加强对全市特殊教育工作的指导，根据国家、江苏省有关文件要求及徐州市人民政府《关于进一步加快特殊教育事业发展意见的通知》（徐政办发〔2015〕127号）精神，经研究，决定成立徐州市特殊教育发展指导中心。

1. 性质及管理体制

中心是集特殊教育研究、评估、咨询、服务于一体，跨学科、多功能的特殊教育研究与服务专业机构，挂靠在徐州市特殊教育学校。日常工作由徐州市特殊教育学校负责，接受徐州市教育局的领导和指导。

2. 主要职责

根据徐州市特殊教育实际情况，中心职责如下。

（1）诊断评估。针对特殊儿童在医疗诊断的基础上进行综合性教育诊断评估和过程性评估。配合市教育局推进全市特殊教育事业健康发展，定期对全市特殊教育学校、随班就读点、资源教室规范化办学进行评估、指导与管理，定期开展质量检测，提升特殊教育质量。

（2）研究培训。开展全市特殊教育的重点及难点问题研究，整合研究力量，对特教课程、教材建设进行研讨，开展教学研究和政策研究，为教育行政部门提供特殊教育决策咨询做好服务，促进全市特殊教育的创新与发展。加强特殊教育教师与随班就读资源教师的培训和指导，举办教师基本功比赛、优质课竞赛等活动，为特教教师的专业发展提供平台。做好前瞻性项目的申报、研究和推广工作。

（3）融合教育指导。指导各县（市、区）特殊教育发展指导中心、乡镇随班就读指导中心、特殊教育学校及普通学校随班就读的教育教学、医教结合、送教上门、资源教室建设工作。探索融合教育的发展方向，指导特殊儿童的评估与康复训练，开展特殊儿童康复的社区与家长培训，开展特殊儿童幼小衔接的研究。

（4）咨询推广。收集整理有关特殊教育的政策、法规和研究成果等，为基层学校提供综合性的特殊教育专业服务，为社区和家长咨询提供服务。做好中国特殊教育网、《淮海特教研究》杂志和手语教学推广研究中心的相关工作，指导编写与特殊教育相关的课程教材、教学配套用书等。

3. 人员配置及管理

中心主任由徐州市教育局基础教育处处长兼任，常务副主任由徐州市特殊教育学校校长兼任，并负责中心日常工作。根据实际工作需要，中心工作人员实行专兼职相结合的办法。兼职人员由中心根据工作需要聘用。

4. 经费保障

徐州市教育局为中心提供必要的专项资金支持，专款专用。

徐州市特殊教育发展中心在江苏省特殊教育发展中心和市教育局领导下组织开展了一系列工作。

（七）徐州市特殊教育学校附属幼儿园

徐州市特殊教育学校附属幼儿园创建于1998年9月1日，前身是徐州市英才幼儿园。2010年9月与徐州市幼师幼教集团合作，更名为徐州市鼓楼区幼师九里幼儿园。2016年10月与徐州市第一实验幼儿园合作，正式称为徐州市第一实验幼儿园特教学校附属幼儿园。2018年正式归属学校统一管理，改称徐州市特殊教育学校附属幼儿园。

幼儿园以"给孩子最快乐的童年，给人生最丰厚的起点"为办园宗旨，以尊重的教育，关注幼儿的个体差异，促进每个幼儿富有个性的、主动的人格发展为方向，让每个孩子开心、开口、开启，拥有良好的人生开端。2018年以来，配合学校主体工作，接待了新加坡慈善参观团、全市融合教育参观团等考察团体。

三、校园文化建设

文化是一所学校凝聚力和活力的源泉。学校文化既是学校历史的积淀，又是继续发展的基础。它体现为学校在长期的教育实践中形成的具有独特凝聚力的学校精神和师生一致认同的价值观念、道德规范、行为方式等方面。学校文化无形，却是凝心聚力的磁石；学校文化无言，却是掷地有声的宣言。它能汇成一股强大的生命张力，提高学校的核心竞争力，引领学校发展，提升办学品位。

学校发展的生命力在于个性，学校的个性体现在以办学理念为核心的学校文化。学校理念是学校发展的内核和原动力，是学校文化的灵魂和统帅。理念的塑造是学校整个文化建设的基础。

（一）紧跟时代节拍前进

建校70年来，学校一直注重文化建设，根据时代发展的顺序设计了符合时代特色的校园文化。

20世纪五六十年代，徐州市聋哑学校由于多次迁址，校园文化处于停滞阶段。20世纪70年代后期，在完成学校总体建设之后，为使聋哑学生能够尽快融入社会，解决家长的后顾之忧，职业教育被作为学校的主要办学特色。

渗透教学有利于职业教育文化的形成。20世纪五六十年代，学校开门办学，向工人、农民取经；学校创建了福利工厂，建设了花木基地；教师们教学生学习木工、缝纫、修理自行车，开设了相关课程。

企业文化有利于职业教育文化的形成。市聋哑学校专门到驻地三官庙大队和邻近学校的徐州市溶解厂、徐州市电解化工厂开门办学，通过向工人、农民学习专业技术，感悟工人阶级良好的道德风尚和认真负责的工作作风。由于特色突出，1982年12月，江苏省特殊教育研究会第二届年会在徐州市聋哑学校召开，学校应邀作了专题发言，专门介绍学校职业教育的开展情况。

（二）以"爱"为核心的教育理念

进入2000年以后，徐州市特殊教育中心、铜山县聋哑学校提出了"深化管理、注重研究、强化特色、优化队伍、快速发展"的办学思路，秉承"求真、务实、文明、进取"的校风，"奉献、爱生、严谨、创新"的教风，"勤学、苦练、善思、向上"的学风，以"一切为了学生"为校训，全面提高学生素质，努力提高办学效益，努力践行"办人民满意的教育"。

在以"爱"为核心的教育理念中，学校明确了"以科研为先导、育人为根本、学生为中心、康复为基础、职教为特色、管理为主线"的教育主导思想，制定了"深化改革，严肃管理，注重研究，深化特色，优化队伍，快速发展"的办学思想，确立了把学校办成全国办学条件一流、规范管理一流、师资队伍一流和素质水平一流的特殊教育现代化示范学校的目标。

（三）创新发展，提升办学品位

2019年以来，按照"以物质文化建设为依托，以精神文化建设为核心"的工作思路，通过理念思想的重塑、特色内涵的重构，实现一个系统的理论观点和思想主张，构建学校校园文化建设。

学校文化是学校的生命与灵魂，是学校整体发展的命脉，是学校社会形象的根本，它对学校发展具有价值引导、行为指向、情感激励等作用。本着理念先行、主体性、原创性、独特性、耐读性和雅俗共赏性六大原则，学校在继承办学传统中力求创新，以提升学校品位。

1. 文化主题

文化主题：和融。在中国传统文化的历史中，"和融"二字最能体现中国精神文化核心和精髓，"和"的理念源远流长，且不同于其现代的意义，比其现代的意义更为宽广、深刻。和谐，阴阳矛盾双方对立中的统一，促成一个多样性的统一体或对立面的和合体；调和，使不同的因素相协调、相和解，维系着事物的有序运转；和合，强调"天人合一"与"阴阳之序"，是变易的矛盾双方运动转化的目标与归宿，相反相成、相竞相用的结果合归于新的统一体。

"融"的含义极其丰富。一个"融"字凝结着中华传统文化的精髓，也能准确地表达徐州市特殊教育学校的情怀。融爱于行，在爱的学校文化氛围中，让学生快乐成长，让教师幸福发展，融以致远。融情于教，用真情关爱学生，塑造他们的人格，启迪他们的智慧，培育有用之才，融以致通。融思于学，在思考与学习中，坚定人生信念，探究文化知识，奠基幸福人生，融以致畅。

和融是自然、社会、人际、身心、文明中诸多元素之间的理想关系状态。

对我校而言，"和融"指以融合教育理论为指导，将特殊学生与普通学生融合在一个校园，创造一个正常化的环境，享受平等的教育机会，共同参与学习与生活，实现互融共生，以达到良好适应社会生活的成就。我校实施和融文化建设，目的就是为特殊儿童创造一个适合的教育环境，促进特殊儿童与普通同龄儿童一起学习生活，让各类儿童融入一个大家庭，相互学习，相互提升，共同进步。

（1）学生层面：从教学安置方式的和谐融入，到师生、同伴关系的调和融洽，再到社会环境适应的和合融通，帮助每个学生全面发展，成为最好的自己。

（2）教师层面：从踏进这所特教学校的和谐融入，到师生、团队关系的调和融洽，再到教育教学思想与实践的和合融通，促进每位教师在专业发展的过程中成为最好的自己。

（3）学校层面：从特殊与普通两大教育环境的和谐融入，到与各层面合作关系的调和融洽，再到学校管理思想与实践的和合融通，使学校不断完成自己的阶段奋斗目标，成为最好的学校。

2. 核心理念

核心理念：和融适切。"和融"是和谐、融合、融洽，"适切"是适当、适合、适时。"和融适切"就是学校教育、教学、管理和服务等各方面工作，都必须做到和谐融洽，都必须适合学生身心特点、适合学生发展需求、适合学生个性差异，都必须突出学生的主体地位，激发学生的主体意识，引领学生全面发展、主动发展、富有个性地发展，并在促进学生发展的过程中引领教师主动发展，让学校每一个生命都幸福绽放。

（1）和谐适度，留有余地。种庄稼特别讲究"度"，温度、湿度、密度等。教育亦然。一切教育措施、方法都要和谐适度。要特别警惕在"对"的外衣掩盖下的"过度"教育。

（2）调和融洽，方法适合。这是老师根据学生的特点形成属于自己的教育方法。在自己的教育教学实践中，一方面坚持认真学习教育理论和专业知识，另一方面还要积极地进行教育教学规律的探索。要善于在总结自己的教育教学经验基础上，融合他人的教学之长，寻找适合自身的教学方法，开展创造性的工作。

（3）和合融通，运用适时。什么时间段向学生传达什么知识，要恰逢其时，才能事半功倍。对于教育而言，就是要把握好恰当的教育时间和时机，善于发现孩子的发展趋势，因势利导。要融洽师生关系，根据不同时期学生的不同特点进行教育。

因此，做最好的教育，让每个孩子都成长为最好的自己，核心是要做到和谐、适度、融合、适合、和合、适时。对老师而言，就是要充分关爱学生，要找到适合自己的位置，怀揣做一个好老师的梦想，耐得住寂寞，受得了清贫，坚守住岗位，因材施教，就一定会收获教育的硕果，享受教育的快乐。对学生而言，就是要看清自己，知道自己想要什么，自己想做什么，自己应该怎么做，每天应该做什么，每节课应该怎么做。只要能找准自己的位置，适合自己的发展，那就是最好的人生。

3. 校训

校训：弘毅乐上。校训是反映学校特色的激励性词语，是学校向全体师生发出的训诫之词，是全体师生的集体信念的体现，也是一所学校的指导思想、教育观点和教育思想的集中体现。

我校是特殊教育学校，特殊孩子是"迟开的花朵"，他们在不同方面伴随着发展迟缓，同时，他们也具有各自的优势区域和发展潜能。每个学生在每个阶段都有其生长的规律，每位教师在发展的过程中也遵循着一定的发展秩序，舒枝展叶、挺拔向上是师生成长的主旋律，在主旋律中，每个人演绎着不一样的节奏与色彩。以人为本，尊重差异，发展潜能，互融共生，创新发展，砥砺前行，要让每个人成就精彩的人生。

弘毅乐上，是有决心、有进取心、有恒心，是有乐观精神，是全面发展。

4. 校风

校风：融爱于行，和合共生。校风是一所学校努力追求的风气、风尚，它是全校师生精神面貌、道德风尚、行为习惯的集中体现。校风具有一种稳定性和持久性，以它所特有的方式对人产生广泛而深远的影响，使人能从校风中受到陶冶和启迪，甚至终身受益。

"融爱于行，和合共生"就是要将爱落实到具体行动中，"捧着一颗心来，不带半根草去"，培养人的创造力，尊重每个学生的独特性和不可替代性，发现每个学生的价值，发挥每个学生的潜能。

（1）"融爱于行，和合共生"在于理解学生。理解学生要理解他们的要求和想法，与他们有心与心的交流，要了解他们的生活，了解他们的成长环境，了解他们的性格特点。同时，老师也要敞开心扉，让学生了解老师，了解老师的教育方式，了解老师的人品，知道老师对每个孩子都是一视同仁的，决不偏爱、偏袒某些学生，让孩子感受到老师的一片真诚，消除心中的隔阂和戒备。只有在相互了解的基础上，他们才愿意袒露心扉，老师才能在教育方法上做到有的放矢。

（2）"融爱于行，和合共生"在于信任学生。教育是立足于对受教育者信任的基础上的，缺乏信任，教育就不成其为教育，可能就会异化为一种强制和绑架。师生之间的鸿沟是做好教育工作的最大障碍。学生需要的不是令自己敬而远之的老师，而是信任他们、让他们觉得可靠、也值得他们信任的人。只有信任才能换来信任。教师将期望与信任传递给学生，在教育实践中对学生表现出来的信任感，是爱的曙光，是激发学生上进的精神力量。

（3）"融爱于行，和合共生"在于欣赏学生。赏识是对孩子最好的肯定，是调动学生学习积极性、培养学生学习兴趣的最佳途径。每个学生都是一颗闪亮的星星，都有他存在的位置和价值。作为教师，应学会欣赏每个孩子，帮助他们扬长避短，克服自卑，让每个孩子都更好地发展，让每个孩子都看到希望的曙光。这不仅是新一轮课程改革的最高宗旨和核心理念，也是当代教师与时俱进所应具备的道德风范。

"融爱于行，和合共生"倡导的是和谐发展、共生共荣，生以师为荣，师以生为荣，师生以学校为荣；倡导的是协同合作、协调发展，生生合作，师生合作，校校合作；倡导的是荣辱与共、和谐相处，师生与校园环境和谐相处，师生之间、生生之间和谐相处。

"和而不同""多元一体"是中华文明源远流长、生生不息的思想精华，也应是我校集聋教育、盲教育、融合教育、职业教育、康复教育与残疾人职业技术培训于一体的办学指导思想。实现理念融合、课程融合、管理融合，形成"和而不同""多元一体"的校园文化，融爱于行，和合共生，促进学校办学品质快速、稳步提升。

5. 教风

教风：融情于教，静待花开。教风是指在教学精神、教学态度和教学方法等方面形成的长期的、稳定的教育教学风气。教风是一个教育群体的德与才的统一性表现，是教育群体整体素质的核心，是教师队伍在道德、才学、作风素养、治教等方面的集中反映。教风是校风的重要组成部分。

"融情于教"是指在课堂教学过程中，教师要关注教育过程中学生的态度、情绪、情感及信念，创设有利于学生学习的和谐融洽的教学环境，妥善处理好教学过程中情感与认知的关系，充分发挥情感因素的积极作用。通过情感交流增强学生积极的情感体验，培养和发展学生丰富的情感，激发他们的求知欲和探索精神，促使他们形成独立健全的个性和人格特征。融情于教既是一种教学模式，又是一种教学策略。

（1）"融情于教"在于尊重学生。教师需要彻底摆脱"师道尊严"的影响，放下教师的架子，尊重学生的人格，以虚心的态度、饱满的热情和学生做朋友，尊重学生的意见和见解。教师只有尊重学生，让学生看到友谊的曙光，学生才会信任教师，师生关系才能融洽，师生之间的心灵距离才能缩短。

（2）"融情于教"在于以身作则。"学高为师、身正为范"，作为人类灵魂的工程师，是科学文化知识技能的传递者，是塑造新一代美好心灵的艺术家，是学生做人的准则和行为的榜样。教师的言行、举止、文明修养、道德情操、思想境界等，对学生起着潜移默化的作用。因此，教师不仅要时时处处以身作则，为人师表，具有高尚的师德和较强的教学能力，同时还要引导学生走正确的道路，激发学生对真、善、美的渴求，使学生的素质和能力全面提升。

（3）"融情于教"在于融入学生。社会实践是情感教育的重要载体。集体生活和社会实践能使学生真正认识到人的美。当集体中的每个人将自己微薄的力量加在一起去从事某一件事情时，又会深切地感受到集体力量的伟大、个人的渺小，从而学会尊重别人、尊重自己、热爱集体、关心他人；教师要把自己融入学生之中，和学生同喜同忧，既有利于学生聪明才智的发挥，更有利于其道德情操的健康发展。

教师的心中要有诗意和远方。"没有爱就没有教育"，面对一群先天不足的特殊孩子，特教教师必须要有仁爱的情怀，用爱心去关心爱护每一位学生，塑造他们的人格，启迪他们的智慧。要经常给予他们积极的鼓励和肯定的评价，培养他们积极的"自我接纳"态度；要培养他们初步的道德感，包括道德荣誉感、羞耻感、义务感、责任感等；要培养他们初步的探索精神。

静待花开。一颗种子埋到土里，要等它生根，等它发芽，等它开花，再等它结果。等待原本是生命中的一部分。人的成长同样如此，教育需要等待。教育就是生长，其本质是人的发展，也就是说，教育的过程就是发掘人的天性、潜能及潜在价值的过程。教育的根本任务是立德树人，教育的根本目标是教会孩子做人，培养"人"比培养"才"更重要。教育必须立足于培养一个具备健康人格的现代人，一个优秀的教师一定是一个善于等待的老师，他会融合多种教育手段，在最恰当的时候给予学生最恰当的影响。

（4）静待花开，满怀关爱。作为教师，只有爱学生，他们才会自觉地向你靠拢，向你敞开心扉，才会接纳你，听从你的教诲，你的期望和要求就会变成现实。每一朵花最初都是草，只要我们满怀爱心，心存期待，方法得当，多些耐心与信心，相信"静待花开会有时"。

（5）静待花开，在于因材施教，在于耐心等待。孩子成长的过程和社会发展的过程是一样的，社会的发展是一个曲折而复杂的呈螺旋式上升的过程，而孩子个人的成长过程也是如此，并不是直线上升的，他们的个性、品质等各方面的形成也是在反复的碰壁与寻求解决的过程中形成的。

6. 学风

学风：融思于学，乐观自信。学风是指学生在学习过程中应该养成和遵循的风气，是学校教育的重要组成部分，是学校全面育人不可或缺的重要环节。

（1）"融思于学"在于学会独立思考。一是要静下心来，深思熟虑；二是要善于追问，刨根问底。大科学家、发明家、思想家等都是勤于思考、善于思考的典范。养成勤于思考问题的好习惯，就有了分析问题和解决问题的方法。

（2）"融思于学"在于学会多角度思考。一是培养求异思维，又称发散思维，是指从一个目标出发，沿着各种不同的途径去思考，探求多种答案，要鼓励学生求异、求变，保护学生思维的个性，提高创造力。二是培养灵感思维，灵感思维是指学生在学习过程中突然涌现、瞬息即逝的念头，往往能使问题得到解决。要引导学生善于捕捉思维的灵感，勇于破除思维定式，不拘于常规束缚。三是培养反思思维，又称逆向思维，是指让思维向对立面的方向发展，从问题的相反面深入地进行探索。要教学生学会反思，在否定中去肯定，对思维的创造性培养是有巨大帮助的，往往能激发出学生极大的创造力。

（3）"乐观自信"在于端正态度。一是乐观地面向未来，具有明确的人生目标，把所有的行为纳入自己的目标轨道；二是认真地对待学习，具有良好的学习兴趣和学习习惯，用"没有最好，只有更好"的精神不断地追求优秀；三是具有强烈的社会责任感，主动参与各种社会公益活动；四是正确地评价自己，充分挖掘自己的潜能，把握各种机会锻炼自我。

（4）"乐观自信"在于培养毅力。一是从明确行为的目的开始；二是勇敢面临失败、挫折的挑战。乐观自信，在于自我调节。学生在完成学习任务的过程中，肯定会受到许多诱惑和干扰，学生只有排除内部和外界的干扰与引诱，才能实现学习目标。教育工作只有转变为学生的内在要求，转化为学生的自我教育时，才能说取得了真正、积极的效果。

7. 办学宗旨

办学宗旨：健全人格，融入社会，成就卓越。办学宗旨指的是办学的主要目的和意图。它可以提高学校成员共同的使命感，使其成员能够承担更多的责任，更热爱并忠诚于学校。

健全人格：良好的师德对学生人格的培养起着决定作用。作为一名教师，自身的人格、语言、行为和情感具有无尽的感染力，这种师德的魅力能促进学生健全人格的形成。一是要以自己人格的魅力影响学生的人格，正如苏联教育家加里宁所说："教师仿佛每天蹲在一面镜子里，外面有几双精敏的，即善于窥视出教师优缺点的孩子的眼睛在不断地监视他。"二是要以自己行为的魅力完善学生的人格。教师要关注自己的一言一行，努力做学生言行的表率。

融入社会：特殊儿童与普通儿童在各方面有显著差异，是有特殊需要的孩子。他们在融入社会的过程中面临的困难比普通儿童多得多。他们需要学会生活技能，学会自理，学会自立，学会和人主动沟通，学会参加社会活动等。

成就卓越：好的教育一定要"以孩子为中心"，教师要善于激发孩子学习的乐趣，学校要重视过程而非结果，教育要将孩子的权利放在最突出的位置。教育的最根本目的不是让孩子受到挫折后知难而退，而是协助、鼓励他们找出一种最适合自己的方法，不断成长，融入生活，融入社会。

8. 办学目标

办学目标：落实立德树人，构建和融校园，成就精彩人生。办学目标是指具体的一所学校的领导带领全体成员通过共同教育实践预期达到的把本校建设成怎样的学校目标，是学校发展前景的形象设计，办学目标一旦确定，就能产生强大的感召力和凝聚力。这一办学目标集中体现了我校师生和学校共同发展的愿景，体现了办成让家长满意、让社会放心、让师生幸福的一流特教学校的要求。

构建和融校园，就是要把和融理念体现在学校工作的方方面面：体现在学校的文化中，体现在管理中，体现在干部队伍建设和教师队伍建设中，体现在教育教学、后勤服务等具体工作中，体现在学生的活动与发展中，形成积极进取、敢于担当、团结协作、奋发向上的生动活泼的状态。学校领导和教师要做和融校园的先行者与实践者，为学生开掘生命的源头活水。孩子要做和融校园的参与者，认真学习，积极参加丰富多彩的校园生活，努力提高自己的综合素质，成为更好的自己。

成就精彩人生，就是在和融环境中，使学生绽放自信，绽放乐观，绽放美好；使教师满怀激情，满怀责任，满怀理想；使每个人都得到不同的发展，每个人都得到最好的发展，每个人的生命都得到精彩绽放。这既需要学校和社会为师生的发展提供环境与平台，更需要教师与学生个人的努力。外因是条件，内因才是决定因素。

成就每一位教师，就是通过制度建设为教师成长搭建平台，提供助力，

68

加上每位教师和团队的不懈努力，使每位教师都得到成长，成为最好的自己。教师是一个神圣而伟大的职业，担负着培育祖国人才的重任，对祖国的富强起着极其重要的作用，是孩子幸福的引路人。教师要有发展目标，不仅要做好日常的教育教学工作，心中还要有诗和远方。教师要有对工作的激情、对同事的热情、对学生的关爱。不仅要做"蜡烛"，更应该做"太阳"。

成就每一位学生，就是通过我校的康复、教育，在教师、家长的帮助与指导下，加上学生自身和伙伴的共同努力，使每一位学生都在自己原有的基础上得到发展，潜能得以开发，生命不断成长，成为最好的自己。教育行为应该是教在今天，看到明天，想到未来。绽放美好，就是要让学生看清自己，知道自己想要什么、想做什么，找准自己的位置，培养良好的学习习惯和行为习惯，掌握基本文化知识和一技之长，能适应、能发展、能更好地融入社会，成就精彩人生。

9. 教师誓词

我是徐州市特殊教育学校教师！我热爱我的事业，"弘毅乐上"是我的信念，"融爱于行，和合共生"是我的追求，"融情于教，静待花开"是我神圣的职责。为了我校灿烂的明天，我愿做学生的表率，为学生的健康成长助力！

10. 学生誓词

我是徐州市特殊教育学校学生！我热爱我的学校，"弘毅乐上"是我的决心，"融爱于行，和合共生"是我的追求，"融思于学，乐观自信"是我美好的心声。为健全人格，融入社会，成就卓越，我愿用勤奋的汗水浇灌梦想的花朵！

四、教育教学成绩显著

学校以先进的教育理念为指导，以加快发展为主题，坚持走特色办学之路，不断强化教学改革，走出了一条具有地方特色的教改实验之路。结合国际特殊教育的发展趋势，继续深化教学改革，根据学生学习特点积极推进在课堂上的应用，改善教师教学行为，改善课堂教学生态，完善学生发展评价机制，努力提高我校教学质量。

（一）深化教改实验

学校深化教学改革，努力形成自己的教学优势。在康复教学中努力贯彻以口语教学与分类教育为主的原则，作为全国首创的聋健合一康复幼儿园与融合教育部得到迅速发展。在课堂教学中，能根据学生心理特征和生理特征，积极进行"双语双文化""探究性小组合作学习""课堂教学的有效性"等教改实验，使学校的教育教学质量不断提高。

教学工作是学校的中心工作。70年来，我校教师在省、市级教学成果评选，省、市级课题研究、立项方面成绩喜人，参加省、市特教教师基本功比赛和学科带头人评选，均获得优异成绩，每年有10篇以上的科研论文在国家、省级杂志上公开发表。2015年，我校教师潘媛媛的"圆的面积"、吴世科的"小数的性质"获徐州市首届中小学教师微课大赛一等奖。2016年，赵美娟、陈炜、王慧等老师的微课获省微课大赛一、二等奖。

之所以取得如此喜人的成绩，一是因为学校领导带头，积极参与课题研究，科研兴教、科研兴校意识强；二是得益于科研管理科学化、科研组织网络化、科研资料信息化、课题管理规范化、课题研究全员化、科研队伍层次化的学校教育科研格局日渐形成；三是源于正在发展壮大的教育科研骨干队伍的示范引领，教师的科研业务素质不断增强。

（二）教学科研先行

2000年以来，徐州市特殊教育学校的教学与科研工作在校长室的领导下，认真贯彻落实《江苏省中小学管理规范》及学校制定的"深化改革，严肃管理，注重研究，深化特色，优化队伍，快速发展"工作思路，实施"和谐治校、特色立校、科研兴校"战略，以全面提高学生综合素质为中心，以加强教学常规管理为主线，以教师评优课、示范课及创建"优秀教研组"活动和特色教育为抓手，以实施绩效工资为契机，努力实现校本教研有特色、特色教育有成效、教科研工作有成果的目标，使我校的教学、科研工作得到扎实、有效的开展。

1. 教学工作

为适应教学改革的需要，70年来，学校十分重视教师队伍建设。1989年开始，徐州师范学校、沛县师范学校、南京特殊教育师范学校、如皋师范学校、徐州师范大学、徐州教育学院等院校毕业生陆续分配到聋哑学校从事特殊教育工作，基本克服了特教师资贫乏的困难。为提高教师的业务水平，学校除抓好教师岗位培训外，还积极组织教师参加各级各类函授等继续教育，开展教学研究活动，大练教学基本功，师资水平迅速提升。

徐州市特殊教育学校坚持以"科研为先导、育人为根本、教学为中心、职教为特色、管理为主线"的办学思路，全面推进素质教育。在课堂教学中，根据学生生理和心理特征，以教学工作为中心，以开展教师示范课活动为抓手，着力开展课堂教学大练兵活动。

围绕教学中心，落实常规管理。教务处坚持常年开展优秀教研组评比、教师优质课评比、示范课活动，为提高教学质量，开展信息技术与课程整合，提供多媒体技术支持与保障。

促进教风学风改善。教学是根本，常规是基础，各部门都把教学质量放在管理工作的第一位，从基础做起，重视最常规的教学管理工作。学校逐步量化各部门教学常规检查项目及数量，提高对各项教学常规管理制度的执行力，建立对各部处主任教学管理情况的督查机制，从严从实抓好"教学五认真"的落实，真正把规范办学行为的要求落实到课堂、教学、评价、管理的各个环节。深入开展"规范管理优质部"创建活动，力争使各部教学管理都达到优质规范要求。

2. 科研工作

浓化科研氛围，注重教研结合。积极宣传和组织教师撰写教育教学论文并按时参加各级"优秀教育论文"和"科研杯"论文比赛，以及其他正规的论文比赛，建议撰写论文水平较高的教师积极向正规的教育刊物，如《中国特殊教育》《现代特殊教育》《江苏教育》《徐州教育科研》等刊物投稿。多年来，我校教师撰写的多篇论文在省、市级教育刊物上发表，有的论文被推荐参加国家、省、市级"科研杯""创新杯"等论文评选；同时我校还与江苏师范大学开展科研联谊活动，为大学的科研工作提供支持。

学校积极进行"探究性小组合作学习"教改实验，先后承担了国家、省、市级多个立项课题的研究工作。做好立项省市级课题的研究、阶段性总结及结题准备工作，每位主持人都能自觉上传必需的课题材料，包括读书心得、课例分析、论文、结题报告等，递交结题申请。为保证我校教师申报的市级个人课题均能按时结题，教科室对每位主持人的课题博客认真检查，对材料不全的及时督促与提醒，使每位参加课题的教师都在规定时间内完成任务。

（1）教育技术学范畴下特殊教育资源建设研究

该课题是教育部重点课题。由徐州师范大学主持，我校郑权等参与研究。

为解决特殊教育资源建设中资源阻隔、资源失衡、资源失范等问题，课题以具有中国文化背景的"教育技术学范畴体系动态结构模型"作为特殊教育资源建设的理论基础，从该模型的设计、开发、实施、管理与评价五个范畴提出了有别于普通教育资源的建设对策：基于特殊教育儿童的学习特点与信息无障碍理念设计资源；多学科合作与二次优化开发资源；围绕教学活动与多层次育能培训实施资源；以项目推进与构建远程教育服务体系管理资源；通过标准规范与主体适切性评价资源。

（2）聋教育数字化资源建设的理论与实践研究

该课题是教育部重点课题。这是徐州师范大学联合中国残联、徐州市特殊教育中心、南京市聋人学校、通州市聋哑学校共同研究的课题。其中，网络资源总体内容选择、栏目设置、多媒体资源开发由徐州市特殊教育中心负责完成。

① 课题选题的意义和研究价值。有助于和谐社会建设，让残疾人共享社会进步、科技发展和改革开放的成果。课题的研究将综合采用高清晰度摄像技术、DVD技术、数字摄像技术、动画技术、多媒体和网络技术构建优质的聋人教育资源。

有助于加速我国聋教育的信息化和现代化进程。研究将以现代教育理论为指导，进行系统化的适合聋人认知特点的聋教育数字化资源开发，以促进聋教育的数字化、多媒体、网络化和智能化。

② 课题的研究目标。本课题旨在利用现代信息技术手段，在聋教育方面，如手语学习、言语康复、自主化学习等方面进行理论与实践研究，以通过研究开发的资源，激发聋人学习兴趣，培养其收集、分析、处理和交流信息的能力，不断提高自身素质和适应社会生活的能力，为他们以平等的地位和均等的机会参与社会生活和国家建设，共享社会物质、文化成果创造一些条件。

③ 子课题研究的内容。包括《聋人手语900句》视频教材、教学课件和网

络课程，聋童言语训练研究及训练软件开发，聋教育网络资源建设研究等。

探讨聋教育网络资源建设的特殊性，寻求特殊教育资源建设方面的理论突破，在此基础上，联合聋教育学科带头人原创性地开发素材、网络课件、协作系统和学习评测系统；建设中国聋人远程教育网，搭建适合聋人特点的自主性网络学习平台。

④ 本课题理念创新。将先进的科学技术应用于特殊教育，让残疾学生充分享受现代技术成果，感受社会的关爱和温暖，从而更好地构建和谐社会。

⑤ 本课题实践创新。根据聋教育的特殊需要，原创性地进行聋教育资源的开发。整合技术专家和聋教育专家，投入大量人力、财力，进行系统化的资源开发，打造中国聋教育的数字化资源航母，打造与人口大国相称的聋人终身网络学习平台。

（3）聋人双语双文化教学比较研究

该课题是江苏省立项课题。聋人双语双文化教学是对聋教育的一次大改革，是在改革以往聋教育方法的基础上提出的新理念、新方法。开展双语双文化教学的实际经验表明，聋人教育必须以手语为第一语言，以汉语为第二语言。聋人双语双文化教学的目标是让聋人熟练掌握手语和汉语书面语，最大限度地利用残余听力锻炼汉语口语，使聋人能够在聋人文化和主流社会文化之间自由活动。在聋人教学中，我校因材施教，抓住关键的幼儿时期进行双语训练，通过实施特色多样的双语教学方法，为聋人营造良好的双文化环境，较好地达到了双语双文化教学的目标。

本课题2001年4月21日结题，辽宁师范大学教授、博士生导师张宁生，爱德基金会社会部主任吴安安，《现代特殊教育》副总编辑沈玉林等专家学者参加了结题会。

（4）耳聋儿童与普通儿童融合教育实践研究

该课题是江苏省教育科学"十一五"规划重点课题。融合教育是当今世界特殊教育发展的潮流，我国在此研究领域尚属起步阶段。本课题的研究着眼于耳聋儿童与普通儿童学前阶段和小学阶段融合教育的实践探索，以期获得适合我国国情的第一手研究资料，并为将来特殊教育的转型与普教的融合提供一些发展思路。

整体目标：通过实践研究，探索出耳聋儿童与普通儿童实施融合教育的基本理论框架与技术操作体系；通过实践研究，构建对耳聋儿童与普通儿童实施融合教育的基本理论框架体系；通过实践研究，使耳聋儿童、普通儿童及其家长充分认识融合教育，引导耳聋儿童与普通儿童相互接纳、融洽相处，促进其综合素质全面提高；通过实践研究，培养一支理解融合教育，掌握融合教育理论与方法的教师队伍；通过融合教育实践，促进学校办学水平的整体提升。

（5）揭示聋人认知规律及其无障碍数字化学习资源建设研究

略。

（6）信息技术在聋校语文、数学教学中的应用研究

本课题研究的内容是现代信息技术与聋哑学校语文和数学教学的整合。利用现代信息媒体拓展教育资源，为聋生提供更多更直接的可视资源环境，满足他们学习上的特殊需要，尊重他们的学习特点，更有利于挖掘他们的学习潜能，提高他们独立学习和主动获取信息的能力。促进教师教学观念、方法的革新，提高教师从各种资源中心和网上查找、调用、整合相关资源的能力，使每位教师明确自己在课堂中的角色和地位，引导学生进行探索性、研究性、合作性学习。初步探索信息技术在聋哑学校语文、数学教学中应用的规律和意义。

研究方法采用理论学习和教学实践相结合，把课题研究和课堂教学相结合，用理论指导教学，引导教师更新观念，崇尚实践，充分、合理、有效地采用现代信息技术手段，在教学中不断总结提高，丰富实践经验，形成初步的理论成果。通过应用信息技术提高语文、数学课堂教学效率，提高学生的综合素质，提高语文、数学教师的教学水平和科研水平，是课题研究的最终目的。

（三）德育教育

建校以来，学校一直秉承"一切为了孩子"的宗旨。把树立高尚的道德和审美情操始终贯穿在善教乐学的和谐教学活动之中，并致力于使学生在轻松快乐的学习氛围中，在"德、智、体、美、能共同发展"的教学模式中探索学习。学校坚持"学以致用，理论与实践相结合"的教学目的，倡导学生走出课堂，走向社会，在点滴生活中树立自立、自强的学习精神，从而在健

康的学习过程中茁壮成长。在社会各界的共同努力下，学校取得了长足的发展与全面的壮大，在实践中积累了丰富的、宝贵的经验，得到了更多学生的喜爱和家长的信赖，也获得了家长和社会各界人士的认可。

1. 徐州市聋哑学校德育教育

学校的思想政治教育内容是根据党的教育方针以及党和国家各个时期的中心任务确定的。按照"为学生一生的幸福奠基"的教育理念，以立德树人为根本，加强心理健康教育，创造性地开展德育工作，让学生满意、让家长满意、让社会称赞。

20世纪50年代，学校组织学生参加拥军优属活动，学习抗美援朝中国人民志愿军英模人物黄继光、邱少云、罗盛教、杨根思的光辉事迹。根据中央有关文件精神，对学生加强劳动教育，组织学生开展种植和养殖活动。除此之外，学生还走出学校到田间劳动，以实际行动支援农业生产。

20世纪60年代，《中国青年报》率先刊登了毛泽东"向雷锋同志学习"的题词，号召全国人民学习雷锋的共产主义精神品质。从此，学习雷锋的活动在全国展开。比如，学习雷锋忠于共产主义事业，毫不利己、专门利人，把有限的生命投入无限的为人民服务中去，为共产主义的事业而奉献自己的力量的精神。王杰是徐州市驻军部队中涌现出的英模人物，学校及时组织师生学习王杰"一不怕苦、二不怕死"的共产主义精神。这些活动的开展激发了同学们的学习热情，学校迅速出现了一种奋发图强、积极向上的精神，形成了一种良好的社会新风气。

20世纪80年代，为加强对学生的思想政治工作，徐州市聋哑学校成立了以学校主要领导为组长的德育工作领导小组，组成了学校领导、思想品德课教师、班主任、团队干部构成的德育骨干队伍；同时聘请社会上热爱特殊教育的工人干部、驻徐部队、英模代表等担任校外辅导员，充分发挥他们在学校思想政治工作中的作用。

1989年，徐州市聋哑学校政教处成立，通过开展不同形式的活动，促进学生逐步形成了积极、健康的人生观和世界观。1992年，学校关心下一代工作委员会成立，以期动员社会力量齐抓共管学生的思想政治工作，并为学生生活提供便利的服务。

1998年，国家教委颁发《中小学德育工作规程》，从总则，管理职责，思想品德课和思想政治课，常规教育，队伍建设与管理，物质保证，学校、家庭与社会等方面规范了中小学德育工作。

20世纪90年代，国家发生了一系列大事件。在德育工作中，结合实际大力开展相适应的活动。如"抗洪抢险"，通过捐款捐物，激发了学生甘于奉献爱心的精神，找到了体现人生价值与事业追求的最佳契合点。"港澳回归"标志着中国的民主与强大，中国人民的不屈与顽强。学校相继组织开展了一系列生动活泼、行之有效的主题教育活动，激发了学生的爱国主义热情。

2. 铜山县聋哑学校德育教育

《中小学德育工作规程》明确中小学德育工作内容，把坚定正确的政治方向放在第一位的方针和必须坚持从本地区实际和青少年儿童的实际出发，遵循中小学生思想品德形成规律和社会发展要求的德育工作原则；确定了中小学德育工作的基本任务是，培养学生成为热爱社会主义祖国，具有社会公德、文明行为习惯，遵纪守法的公民。在这个基础上，引导他们逐步确立正确的世界观、人生观、价值观，不断提高社会主义思想觉悟，并为使他们中的优秀分子将来能够成为坚定的共产主义者奠定基础。

铜山县聋哑学校一直将德育工作作为学生思想教育的抓手，根据规程的要求开展一系列活动，如爱党、爱国、爱人民教育，热爱集体、热爱劳动、热爱学习教育，文明礼貌、遵纪守法、自信自强教育，等等，学校还与驻地武警消防中队建立了共建关系，这些活动有力地配合了主题教育的开展，学生的精神面貌和学习能力有了明显提高。

3. 徐州市特殊教育学校德育教育

中小学德育工作是素质教育的重要组成部分，对青少年学生健康成长和学校工作起着导向、动力、保证作用。20世纪90年代以来，国家陆续颁布了《小学德育纲要》《中学德育大纲》《小学生日常行为规范》《中学生日常行为规范》《中小学教师职业道德规范》《家长教育行为规范》等具体的德育工作规章，共同构成了中小学德育规章体系，有力地促进了中小学德育工作的开展。

（1）树立劳动光荣的观念

构建优秀校园文化在学校发展中具有至关重要的作用，而校本课程又是校园文化的重要体现，两者完美融合才能更好地促进学校办学内涵的提升。

我校以"和"文化为载体，以培育学生核心素养为目标，努力营建"和融"课程体系，为学生全面发展奠定了坚实的基础。

聋生由于听力障碍，很多同学从小什么事都依赖别人。有些家长也过分溺爱，什么事都不让孩子做，从而使他们养成了依赖和懒惰的习惯。因此，作为特教教师要重视矫正聋生的懒惰习惯，千方百计帮助他们克服懒惰心理。从小要求学生放假回家主动干一些力所能及的事情，帮助父母做家务，打扫卫生、洗洗衣服。在学校，老师要一视同仁地把劳动任务交给学生。当学生具备独立完成劳动任务的能力后，适当地提供给他不依靠别人也能很好完成任务的机会，让学生感受到自己独立完成某件事情的快乐。

（2）家校共育促进成长

根据徐州市教育局的德育工作部署和学校实际情况，我校定期举办家长开放日活动。开放日活动进一步丰富了校园文化生活，营造了校园浓厚的读书氛围，增强了学校、家长、教师之间的沟通，让家长走进校园、走进课堂，了解学校的管理与发展趋势，了解孩子在校学习和活动情况，凝聚学校、家庭之间的管理智慧，强化我校特色建设，推进我校素质教育向纵深发展，从而进一步提升了我校办学水平。比如，2018年春季家长开放日活动，活动主题是"家校共育阳光成长"。融合部利用一个下午的时间，先后进行了成功家教报告会、心理健康知识讲座、观看学生特色绳操、参观校园、观看学生优秀作业展、分班家长会。通过家长开放日活动，各位家长在赞叹学校办学成果显著的同时，纷纷表示希望以后经常参与类似的活动，共同教育好学生。

从2013年开始，学校着力强化学生的责任意识，根据学生身心特点和年龄特征开展以"对自己负责""对父母负责""对他人负责""对集体负责"和"对祖国负责"为内容的责任教育。教育培养学生在家庭：孝顺父母、自己的事情自己做、家里的事情帮着做等美德；在学校：尊敬师长、友爱同学、言行文明、关心集体等美德；在社会：遵守社会公德、遵守交通规则等美德。从而通过开展优秀少年和文明班队评选活动，发挥班集体的教育力量，促进学生文明习惯的养成。

（3）紧扣时代脉搏进行教育

我校紧扣时代脉搏，把握学生的思想实际和思想动态，不断改进德育的内容、方法和途径。一是重视日常行为规范的养成教育。学校根据学生年龄差异大的特点和心理实际，分别制定出了康复、小学、中学、盲部分层次教育目标，由各部统一安排，做到天天有检查，周周有初评，月月有复查，学年有总评，在全校内形成了比、学、赶、超，班班争先的良好气氛，让学生在竞争中树立集体荣誉感，养成良好的行为习惯。二是积极开展形式多样的特色活动，使德育落到实处。聋生由于听觉受损，导致活动范围狭窄，与外界交流、接触的机会相对于普通孩子要少，因此学校积极为学生创设与外界接触的机会。

从2006年开始，学校开展了与中国矿业大学、徐州师范大学、徐州医学院、驻徐部队通讯团等单位的"手拉手"联谊活动，他们经常来我校与学生进行爱心互动，谈心交流，还送给学生丰富的礼物。这一切都让聋生感受到社会大家庭的温暖。

（4）开展校园心理健康教育活动

推进"心理健康教育进课堂"工作。在小学阶段用好《小学生成长自助读本》，中学阶段开展心理健康团体辅导。各班积极使用读本进行心理健康教育活动，及时上报宣讲内容。

建立心理咨询室，并发挥其功能，对学生进行个别心理辅导。落实心理健康教育，推进心理健康教育课程化。充分使用好《学生心理健康教育自助读本》，以班级为单位每月举办一次心理健康教育主题班会。积极发挥校心理咨询室——阳光工作室的作用，做好个别有需要的学生的心理疏导工作。把团体辅导和个别指导结合起来，促进学生心理健康。

开展以"阳光心灵——让每一个特殊学生心里都充满阳光"为主题的阳光教育工作，着力打造"心理健康教育——塑造阳光心灵"这一德育品牌。

（四）职业教育

社会主义市场经济的发展，最终目的是要达到共同富裕。但是残疾人作为一个困难群体，面对激烈的竞争往往处于劣势。所以职业教育必须转变教育观念，努力适应现代社会发展的需要。

1. 勤工俭学打基础

中共中央于1954年5月24日批转中央教育部党组《关于解决高小和初中毕业生学习和从事生产劳动问题的请示报告》，中央宣传部则出台了《关于高小和初中毕业生从事生产劳动的宣传提纲》，"有领导有组织地开展以加强劳动教育为中心的宣传教育活动，以解决学生和家长的思想认识问题"，这是新中国学校劳动技术教育产生的最初诱因。根据中央精神，徐州市聋哑学校根据实际情况组织学生参加建设劳动和农业劳动。

1958年3月8日，教育部在《关于1958—1959学年度中学教学计划的通知》中规定："初高中各年级增设生产劳动课，每周2小时；学生参加体力劳动的时间每学年为14天到28天。"随着这个教学计划的贯彻执行，各地中小学校都把生产劳动列为正式课程。由此，劳动技术教育在我国基础教育的历史上确立了正式的课程地位。根据教育部的要求，1960年，徐州市聋哑学校就开设了缝纫课，由杨平章负责教学；1964年，又增设了木工课，同时学校师生在校园内开展勤工俭学活动，开垦土地，种植粮食、蔬菜，学生半工半读，边学习、边劳动。

1980年，市教育局决定在徐州市聋哑学校开办一个用于绿化教育系统的花木基地，建有温室4间、花木苗圃4亩，拥有花草5000余盆，木本植物6000余棵。为此，学校专门建立了花木培育组，配合职业技术教育对学生进行培训。培育的花木支援了30多所中学和单位的绿化，为美化市容做出了贡献。

遵照上级有关指示，1982年9月，学校创办勤工俭学工厂——徐州市聋哑实习工厂，主要生产图书盒、工具盒。目的是更好地贯彻党的教育方针，加强聋哑学生的劳动观点，培育劳动技能，为将来进入社会打下基础。建厂后业务量逐步扩大，加工的纸盒品种多种多样，除内销外，部分产品还出口国外。

铜山聋哑学校于1980年开办玻璃丝厂，1982年建立商店，1984年建立复合肥厂。除此之外，学校还广泛开展勤工俭学活动，半天上课，半天劳动，集中时间分班分任务，为大黄山煤矿编织条芭，所得收入改善办学条件和师生生活。

中共中央、国务院1993年2月13日发布了《中国教育改革和发展纲要》，在总结我国发展社会主义教育事业经验的同时，把"必须坚持教育为社会主义现代化建设服务，与生产劳动相结合，自觉地服从和服务于经济建设这个中心，促进社会的全面进步"作为建设有中国特色社会主义教育体系的主要原则之一。还提出："中小学要由'应试教育'转向全面提高国民素质的轨道，面向全体学生，全面提高学生的思想道德、文化科学、劳动技能和身体心理素质，促进学生生动活泼地发展，办出各自的特色。"这强调了素质教育的四大要素，对人的劳动技能素质给予了充分的重视。这标志着我国教育界对劳动技术教育的地位和作用的认识跃上了一个新台阶。

20世纪90年代，徐州市聋哑学校开办了服装加工厂、八达电器厂、旅游生活用品厂，铜山县聋哑学校开办了静电粉末涂料厂、无锡泥人工艺厂、防磁涂料厂、木器加工厂、复合肥厂，这些盲目开设的工厂都因技术含量不高、管理经营不善、市场效益不好而先后停办。

根据中央文件精神，铜山县第二聋哑学校在两校合并后调整了勤工俭学的内容，从种植、第三产业为主向校办企业为主的方向发展；从自我服务为主的小型作坊式生产转向市场竞争，发展多品种、上规模的骨干企业发展；从劳动密集型生产向科技含量高的新企业发展。

铜山县第二聋哑学校的校办企业，在广泛市场调查的基础上，看准市场需求，将企业产品定位在满足需求、服务社会的基础上，在社会市场竞争中得以生存。通过"广揽人才、科技创新、服务特教"，企业不断发展壮大，经济效益得以提升，成为学校勤工俭学的支柱企业。

勤工俭学的深入开展，不仅有利于全面贯彻党的教育方针，拓宽了育人途径，而且增加了学校收入。学校的校办企业被江苏省教委评为明星企业。2000年以来，学校勤工俭学收入用于改善办学条件、增加师生福利的经费多达1000余万元。我校勤工俭学还解决了聋生的就业问题，促进了特殊教育事业的发展，也为徐州地区经济发展做出了应有的贡献。

2. 职业教育学本领

职业教育是我校一直以来坚持开展的课程，从徐州市聋哑学校的缝纫，铜山聋哑学校的裁剪、理发，铜山县第二聋哑学校的印刷、木工到徐州市特殊教育学校的美术、木工等课程，学生们都将学到的知识用于生产实践，为将来走上社会奠定了良好的基础。

首先，按照聋哑学校教学计划，在低年级，我校把语文、数学、自然常识、劳动课和活动课等课程作为渗透职业教育的对象，开始培养学生的劳动习惯和简单的劳动技能，学校成立了舞蹈、书画、手工等兴趣小组。中高年级开始接受较为系统的劳动职业教育，经过4年的训练，聋生基本能掌握一定的劳动技能。如理发、缝纫、厨师等职业技术教育课，根据学生的特点及家长的要求，因人确定学习内容。其次，保证学习时间。低年级的学生，每天下午最后一节课至放学前为兴趣小组活动时间。中年级的学生每周安排两个半天开展职业技能培训。高年级的学生，采取半工半读的形式，即每天上午学习文化知识，下午进行劳动技能培训。

注重实效，教学形式灵活多样。选择了适合学生的专业，安排了学习的时间，但学习效果不能降低。我校认识到，没有一定技术和能力的老师，就不可能有优质的职业教育，因此，在今后的职业教育培训中，有计划地加强对教师的职业技术培训。针对某些专业师资缺乏的实际情况，我校让教师"走出去"，派教师出去学，学成后再教学生；让学生"走出去"，定点联系，把学生带出去学习；或招聘社会上有技术的专业人员，"请进来"，传授知识和技能，学校予以配合。

进行职业教育的同时开展教育改革，把"育才成才"作为办学的首要目标。经过调研认为，毕业的聋生大多数都将是生产一线的操作工人，所以从职业要求来看，学生既要掌握知识，更要学会实践。进入21世纪以来，学校根据学生的生理和心理特点的实际，专门开设了适合学生学习和就业的课程，如书法、按摩、烘焙、计算机等课程。通过适应性训练，培养学生综合素质与能力的提高，让学生成为新时代多元复合型人才。

1998年，徐州市聋哑学校和铜山县聋哑学校同时开设职业教育课程，2007年职高班贾永豪、2009年预科班王熙在江苏省残疾人职业技能大赛中均获得了第一名。2007—2012年，共有40余位学生习得了独立谋生的本领，找到了理想的工作，学生就业率达100%。2012年之后，在职业教育中进一步加强了面点和计算机运用两个专业，新增设了烹饪和剪纸面塑两个专业，其中盲人针灸推拿按摩专业和工艺美术专业被认定为江苏省中专职业教育合格专业，盲人针灸推拿按摩专业还被评为徐州市中等职业教育特色专业。

在教学过程中，从残疾学生的实际需要出发，在向残疾学生传授一定的科学文化知识的同时，对他们进行职业教育，使他们具备一定的劳动技能、职业技能，以便他们在毕业之后，能够顺利地融入社会，成为自食其力的劳动者。引导他们参与新农村建设，减轻社会负担并服务于社会。

聋生经过职业教育与实际训练，完成学习和技能两项内容，才能顺利毕业，然后平等地参与国家建设，不仅实现其个人人生价值与社会价值，而且是社会安定团结、政治稳定的重要因素。开展职业技术教育的目的，就在于使我校的毕业生能顺利地参与到劳动实践活动之中，达到参与社会、服务社会的目的。

（五）显著特色

《中国教育改革和发展纲要》指出："中小学要由'应试教育'转向全面提高国民素质的轨道，面向全体学生，全面提高学生的思想道德、文化科学、劳动技能和身体心理素质，促进学生生动活泼地发展，办出各自的特色。"特色办学就是让学校找到令自己卓越的领域，从优势项目到项目特色，从项目特色到学校特色，再从学校特色到特色学校，这是一个长期的教育创新过程。徐州市特殊教育中心全面实施素质教育，特色教育成果斐然。

1. 融合教育

融合教育是继"回归主流"教育理念后的全新特殊教育理论，是以经过特别设计的环境和教学方法来适应不同学生的学习，它强调提供身心障碍儿童正常化的教育环境，而非隔离的环境，在普通班中提供所有的特殊教育和相关服务措施，使特殊教育与普通教育合并为一个系统。针对孩子不同的特质设定每个孩子不同的学习目标，通过合作学习、合作小组及学习、合作以达到完全包含的策略和目的，最终目的是将特殊孩子包含在教育、物理环境及社会生活的主流内。

融合教育的概念起源于20世纪90年代，指的是让特殊儿童进入普通班和普通儿童在相同的环境中接受特殊教育服务，并和普通儿童共同学习的一种教育方式。徐州市特殊教育学校是全国开展融合教育较早的学校之一。

2017年，修订的《残疾人教育条例》公布。新条例将推进融合教育作为重要的立法原则，从理念和制度上凸显了普通学校在残疾人教育中的重要作用。这是在《中华人民共和国义务教育法》将随班就读列为我国残疾人教育的一种方式之后，在法规层面首次确认了融合教育的概念与原则。

我校的"反向融合"在融合教育工作中独树一帜。"反向融合"是指在特殊教育学校设立普通班招收普通儿童并安置具有一定听力的儿童就读，同时设置听障儿童康复后续教育班，开展多种形式的融合教育。

（1）开展融合教育的历程

学校融合教育的开展要追溯到20世纪90年代。当时听障儿童康复教育事业发展迅速，学校看准这一特教发展趋势，成功地开展了"聋健合一"听力语言康复教育。1992年开始设立听力言语康复训练班，1998年利用学校丰富的资源举办"聋健合一"幼儿园，招收普通儿童入园，为听障儿童营造了良好的交流环境，促进了他们综合素质的提高。为解决"聋健合一"在办园中出现的问题，经过多次调研，学校决定实行新的融合教育，即在聋哑学校办普通儿童班，实行普通儿童与听障儿童一起接受教育。这个班级使用普通学校教材，根据学科与学生的需要，采取有分有合的学习方式，进行了有机的融合。

（2）开展融合教育的探索

① 课程设置逐步完善。融合教育突出针对性，对于普通儿童与听障儿童各自的需要采取分层和个别化的教育方式，弥补了课堂授课的不足。教学安置更加科学，特教教师、普教教师、学生家长加强了相关知识的培训，定期探讨融合教育中存在的问题与解决方法，利用联系簿交流教育教学情况，互相支持，共同教育好每一个融合班的孩子。

② 科研课题实践研究。2017年"融合教育实践"全面融合试点，初评前测工作，进一步深化了融合教育实践工作。经过论证，决定初期选择10名康复效果好的聋童走进健听班，变部分融合为全面融合，现在综合测试表已经汇总。融合教育实践课题江苏师大专场实践工作深入进行，江苏师范大学的3名研究生来到融合部进行了"听障儿童声符义符一致性发展研究""听障儿童书面叙事与口语叙事的差异研究"两个课题的实践研究。

（3）开展融合教育的成效

经过几年的摸索实践，在以李之刚校长为主要领导的大力支持下，在专家团队的指导帮助下，这种在特殊教育学校实施的反向融合教育取得了明显的成效。听障儿童经过融合班的教育，与普通儿童融为一体，普通儿童与听障儿童成为彼此信赖的同学与朋友。据调查，普通儿童与听障儿童、普通儿童家长与听障儿童家长之间的相互认同感大大提升，听障儿童的康复率得到显著提高，形成了有利于听障儿童和普通儿童都接受融合教育的良好氛围。

融合教育得到了政府和社会的支持。无论是特殊儿童还是普通儿童，通过融合教育，都有了一个良好的学习、生活环境。在实施融合教育的过程中，学校还加强了与国内特殊教育学校的交流，让融合教育的理念更加深入人心，努力惠及更多的需要接受融合教育的孩子。

2. 艺术体育

1992年，徐州市聋哑学校、铜山县聋哑学校、铜山县第二聋哑学校在进行办学模式的改革中都根据聋生的特点选择把艺体教育作为突破口，创办艺体特色教育。通过多年的努力，以点带面，以局部带整体，实现整体优化而逐步形成了一种独特、优质、稳定的办学风貌。多年来，我们在"全面育人，办学有特色"的思想指导下，按照让每一个学生都享受艺体教育的目标，以教育科研课题为载体，进行教育改革和创新，形成了鲜明的办学特色，取得了显著的教育效果。

艺体特色教育促进了学校面貌的改观，积极建设校园环境，教学楼内布置了我校师生许多优秀的艺术作品，经常举办师生体育活动，陶冶学生们的情操。艺体特色力求和"以人为本，尚美求真"的教育理念相吻合，创设和谐、健康、积极向上的高品位的校园氛围。

（1）艺术

艺术教育是我校长年坚持的办学特色，我们以艺术教育为突破口，确立了"师生精神面貌美、教学方法艺术美、校园环境文化美、学生的全面素质和艺术专长不断发展"的培养目标，并将具体目标分解为学会做人、学会生活、学会审美、学会健体、学会关心、学会管理、学有专长等方面，制定分阶段发展目标和实施计划，从而促使学生的综合素质得到不断发展，为将来走好人生的每一步奠基。

尽管聋生失去听力，不能开口说话，但他们以自己独特的表现方式来丰富自己的生活，歌颂伟大的祖国。建校以来，学校大力开设具有特色的兴趣小组。这是特殊教育学校为特殊学生发展开辟的一条新路，针对每一个特殊学生的兴趣特点开设多个活动课程，剪纸、书法、绘画、雕刻等课程深受孩子们喜欢。根据孩子们的喜好及能力，让他们在课堂上体验自我存在的价值，增强获得感与成就感。

为加深理解聋哑学校律动教材，提高律动教师素质，由教育部基础教育司与人民教育出版社联合举办的全国聋哑学校律动教师培训班于1999年7月5日至12日在我校举行，来自全国26个省市的47名律动骨干教师参加了培训。这次培训班就聋哑学校律动实验教材的编写目的、主要内容及教材的使用，教材中有关音乐教学内容等进行了专题学习和培训。

2019年11月23日，2019中国·宜兴国际标准舞（体育舞蹈）全国公开赛在宜兴市体育中心举办。这是一场高端的国际赛事，徐州11岁女孩孔鑫阳和舞伴获得拉丁舞11～14岁双人舞蹈第一、个人拉丁舞第二的好成绩。孔鑫阳是全场唯一一名聋人，在听不清音乐的情况下，她全凭个人感觉参赛并获得了如此好的成绩。孔鑫阳2016年9月到徐州市特殊教育学校上学，这次参加宜兴国际标准舞（体育舞蹈）全国公开赛，是她第一次走上大赛的舞台。

（2）体育

特殊教育的对象是身心发展方面有缺陷和残疾的少年儿童，其身体和心理有别于正常的少年儿童。身心缺陷的补偿与康复是特殊教育学校体育目标的重要内容；体育教学内容的选择更具针对性，追求体育课程的缺陷补偿和康复功能；个别指导是体育教学组织应遵循的重要原则，直观手段的补偿与综合运用是体育教学方法的显著特点；掌握系统的特殊教育理论和实际技能是体育教师的职业素质；场地器材应符合残疾儿童特点。

徐州市聋哑学校在认真搞好体育课堂教学、达标活动的同时，积极培训体育运动员。每天的课外活动，体育教师进行测验和辅导，学生的身体素质逐年好转，运动水平不断提高。1981年获江苏省第一届聋哑人运动会乒乓球团体总分第三名，1985年获江苏省聋哑学校游泳运动会团体总分第一名。我校的金安、李明、李伟光入选江苏省聋哑人篮球队。

铜山聋哑学校作为一所后建立的聋哑学校，如何结合实际开展好工作是摆在学校面前的重要议题。通过调研，结合教师及学生的情况，学校将发展体育艺术作为开展活动的主要抓手。体育项目以篮球、乒乓球和田径作为主要训练项目。

乒乓球是学校首先进行训练的项目，1981年，学校就派员参加了在南京举办的江苏省第一届聋哑人运动会乒乓球比赛。1985年，王军代表徐州市参加了在徐州举办的江苏省伤残人乒乓球比赛。

1984年，铜山聋哑学校参加了在镇江举办的江苏省第一届伤残人运动会，获得团体总分第二名的好成绩；宋瑞华一人获得女子800米、1500米、5000米3枚金牌，赵成阶获得男子800米金牌。1984年，学校参加在合肥举办的全国第一届伤残人运动会，宋瑞华获得女子5000米第五名。

1985年，铜山聋哑学校参加在常州举办的江苏省聋哑学校运动会获得团体总分第三名，其中于继秋获女子跳远、女子跳高金牌。

铜山聋哑学校篮球队长年坚持训练，技术水平不断提高。1986年6月，李卫东、郑尊礼、鲍亚勇、孙苏平等同学被选入徐州市聋哑人代表队，参加了在泰州举办的江苏省聋哑人篮球赛，在青岛举办的沿海14城市聋人篮球赛。1986年4月，陇海线徐州、铜山、砀山、连云港四地聋哑学校篮球赛在铜山聋哑学校举行，铜山聋哑学校获得第一名。

2000年11月，江苏省教育学会特殊教育研究会体育组在徐州市特殊教育中心、铜山县聋哑学校举办了全省第十三届聋哑学校体育教研活动。来自全省30所聋哑学校的40余名体育教师参加了此次活动。与会代表观摩了两节体育公开课，进行了评课、座谈与论文交流。对聋哑学校体育教育教学改革进行了研讨。

我校学生曾在全国、省、市级比赛中获得奖牌400多枚，向江苏省输送10余名运动员，其中杨蕾、郭冉冉、邱德彪、陈腾、黄天缘、宋海莹、董祥玉等同学参加全国残疾人运动会均取得了优异的成绩。

2011年，学校聋生排球队赴德国科隆参加聋人运动会；2012年、2013年，学校盲人网球队赴韩国参加中日韩视觉障碍人网球大赛，均获得优异成绩。

杨蕾同学2005年1月在澳大利亚墨尔本聋奥会比赛中获跳远第四名、4×100米第四名、4×400米第五名，2008年9月在土耳其聋人锦标赛中获4×100米第一名、跳远第三名；郭冉冉同学2009年9月在中国台北聋奥会比赛中取得4×400米第二名的优异成绩。

学校足球队在教练组的辛勤指导下，在队员们的顽强拼搏下，2006年代表江苏省参加"远东管业杯"全国聋人足球锦标赛暨中华人民共和国第七届残疾人运动会预赛，取得了第八名的优异成绩，并有一人选拔进入国家聋人足球队；2018年，学校足球队再次代表江苏聋人队出征中华人民共和国第十届残疾人运动会暨第七届特殊奥林匹克运动会聋人足球比赛，在时间紧、任务重、条件艰苦的情况下，在足球教练团队的科学备战下，取得了优异的成绩。

2010年，学校新成立了盲人网球队，在赵美娟、王淑香两位老师的带领下，在赵美娟老师主持的市级课题"快乐的视障网球的实践研究"课题引领下，盲人网球得以快速发展。盲人网球队2012年、2013年两次赴韩国进行网球交流，学生的技术动作、战术运用及团结配合的意识受到了韩国、日本友人的高度赞誉，为国家及省市争得了荣誉。盲人网球在山东、江苏等省盲校进行了推广交流，使更多的盲人朋友享受到了网球运动带来的快乐。

2018年9月，学校田径队在江苏省第十届残疾人运动会中获得12金8银6铜的优异成绩；同年12月，学校首次参加全国啦啦操冠军赛，为了取得优异的成绩，李妍和赵美娟老师利用中午和休息日带领学生反复练习，一个动作一个动作地纠正，最终取得了全国成人组冠军；2019年，学校舞蹈队学生参加全国残疾人排舞大赛，在师生的共同努力下，经过层层挑战，最终取得了一个特等奖、两个一等奖的优异成绩。我校从39支代表队中脱颖而出，以优异的成绩、勤奋的精神、团结的面貌喜获优秀组织奖。

为了使每个残疾学生都能享有公平而有质量的教育，解决残疾学生的体育诉求和需要，2018年4月27日，徐州市特殊教育学校对运动会进行了改革与创新，参与人数高达1000多名，他们中有来自社会各界的爱心人士、志愿者、家长，有盲、聋及融合教育的师生们，涉及运动会的入场、竞赛的组织、竞赛项目、竞赛评价方法等多方面。比赛不仅仅是体育竞赛，同时也融入了英语、绘画、作文、摄影等多元融合方面的内容。这一创新，改变了那种"多数人看，少数人赛"的精英式比赛，使每一位残疾学生真正成了运动会的主人，享受着运动的快乐、合作的快乐、竞争的快乐，收获着成功的喜悦。

3. 环境保护

徐州市特殊教育学校一直以来将环保工作作为学校的主体工作来抓。2000年9月学校被批准为联合国教科文组织环境、人口与可持续发展（EPD）成员学校，2002年10月学校被评为联合国教科文组织环境、人口与可持续发展实验学校，多次参加可持续发展国际会议。

可持续发展教育重视两个方面，即环境建设与活动建设。学校确定环保教育主题，如何让学生在整洁、环保的环境中学习生活，打造孩子们纯洁的心，必须加强环保教育，这是一个前卫、新颖、科学、负责任的教育理念。2013年，徐州市特殊教育学校通过了国家环保部宣教中心国际生态学校垃圾减量子项目的审核。

确定环保教育主题后，通过落实"七步法"将环保工作深入持久地开展下去。"七步法"包括建立生态委员会、环境监测、制订计划、落实实施、课程参与、社会参与和宣传以及规章制度的制定等。学校建立了生态委员会，由校方代表、社区工作人员、学生家长等参与；环境监测是由学校师生审评校园环境，提出质疑问题；课程参与则紧扣环保教育的知识点，把环保教育融入学生们的课程中。

我校的环保教育分为校内和校外两种。对于聋生，老师用PPT教学方式，把环境优劣的对比直观地展现在聋生面前，让他们有质的认识和选择，而盲生通过嗅气味来分辨水质。学校利用环境日组织孩子们沿着水系远足，感受鸟语花香，目睹河水清澈。通过对比，让大家知道好环境来之不易，主动承担起维护环境的责任。

我校把节能减排理念融入学校建设和新课程改革之中。学校安置了蓄水桶，那是根据学生"合理利用雨水"的建议设置的，对节约用水、增强环保观念起到了积极的作用。老师教导学生珍惜环境不放过任何机会，洗手的时候教孩子把水龙头开小一些，要随时关紧水龙头，别让水长流。2013年，学校被江苏省水利厅、江苏省教育厅授予"江苏省节水型学校"称号，被徐州市人民政府授予"徐州市节水先进单位"称号。

我校多次被授予国家、省、市"绿色学校"称号。2000年被徐州市教委、徐州市环保局授予"徐州市绿色学校"称号；2006年、2012年被江苏省教育厅、环保厅授予"江苏省绿色学校"称号；2014年被环保部授予"国际生态学校"荣誉称号；2014年获得"全国环境教育示范学校"称号；2015年1月被推选为"中美千校携手"项目学校，成功地开启了特殊教育环保教育工作从国内走向国际的窗口。

4. 信息技术

我校历来高度重视数字化校园建设，认识到信息技术教育是实施素质教育的重要组成部分，要着力从基础培养，以发挥学生的创新精神和实践能力为重点，信息技术教育要促进教育教学改革，是现代教育技术不可或缺的部分；信息技术教育与其他学科的整合，应用于各科教学中。2003年3月，我校被教育部确立为全国信息技术实验聋哑学校。

为进一步开展特殊教育学校信息技术工作，教育部基教司、中国教育学会特殊教育分会于2005年10月在我校召开全国特殊教育资源库建设与使用培训会议。来自全国50多所特殊教育学校的信息技术专业教师和信息技术实验聋哑学校校长共60多人参加了培训。

进入21世纪以来，学校以实施教育现代化工程为突破口，不断完善现代化的教育教学设备。学校添置了多媒体设备，自行设计安装了校园电脑网络和闭路电视系统。随着校园网、中国特殊教育网、国际互联网的互联互通以及以计算机支撑的多媒体辅助教学和信息技术教育的全面普及，使各类教育资源经过信息渠道进入学校的每一个角落。

从2014年开始，我校紧紧围绕"规范化"与"信息无障碍"这两个当代信息科技的发展趋势，加快特殊教育资源库建设，形成与完善我校"示范→模仿→类推→创造"的特殊教育信息化教学法。2014年以来，学校网络中心主要设备全部更新，完成了5个多媒体教室的安装。

2016年以来，我校以建设信息化办公与学习环境为基础，均衡配置各部门教育信息化基础设施、软件工具等信息化教学资源，开展"信息技术支持的学讲计划""信息技术支持的教师专业发展""信息技术支持的个性化学习""信息技术支持的管理应用"等研究活动，以信息化手段促进教学改革。我校积极推进电子校务平台建设，大力推动学校办公系统网络化、智能化。我校组织开展教师信息技术研修活动，促进信息技术与学科教学的深度融合；组织开展信息技术与学科教学优秀教学设计、教学课件的评比活动；继续办好中国特殊教育网站，提高其在国内的权威性和实用性。

为使信息技术更加普及，我校组织开展教师信息技术研修活动，申报了多个国家、省级有关信息化的科研课题，参与了高等院校信息化实践项目，促进信息技术与学科教学的深度融合；组织开展信息技术与学科教学优秀教学设计、教学课件的评比活动。2012年先后有郑权等7位教师在全国特教学校教师信息技术综合技能大赛中获奖，2014年有2位教师获江苏省教研室举办的信息化优质课比赛二等奖，指导的多名学生在省市"领航杯"比赛中分获一、二、三等奖。我校还与广州、苏州、宿迁等特教学校开展了信息化交流活动，完成了省教育科学规划课题"聋教育无障碍学习资源的设计与应用"的结题工作，并应邀在全国第二届特殊教育信息化年会中介绍开展信息化工作的经验。

学校每年都加大对教育信息化的投入，逐步配齐各项现代化教学设施设备；组织开展教师信息技术与学科教学优秀教学设计、教学课件、微课大赛，发挥好钉钉管理平台与OA系统的功能，建好录播教室，完善网络课程资源，学期末举行教师电子备课比赛。定期对学校网络进行检修，实现校园无线网络全覆盖，推进数字化校园建设。

第 三 章

党团组织

2016年6月，中央组织部、教育部党组联合印发了《关于加强中小学校党的建设工作的意见》（中组发〔2016〕17号）文件。该意见指出，中小学校党组织是党在学校中全部工作和战斗力的基础，发挥政治核心作用，全面负责学校党的思想、组织、作风、反腐倡廉和制度建设，把握学校发展方向，参与决定重大问题并监督实施，支持和保证校长依法行使职权，领导学校德育和思想政治工作，培育和践行社会主义核心价值观，维护各方合法权益，推动学校健康发展。

一、党的工作

（一）组织情况回顾

从1950年到1956年，聋教育是私人办学时期，学校主要由聋人自行管理，没有党组织。1956年之后，徐州市教育局接管了学校，各项工作逐渐开展起来。1965年8月，市教育局委派党员干部夏自谦到徐州市聋哑学校任副校长，组织关系隶属徐州市民主路小学党支部。1972年9月，中国共产党徐州市聋哑学校支部成立，夏自谦任支部书记，冯宪密任副书记，军队医疗队成员任委员，组织关系隶属市教育局党委。1976年3月，市教育局党委对市聋哑学校党支部关于支部改选进行批复，夏自谦任书记，赵德海任副书记，刘敏华任委员。1977年3月，徐州市聋哑学校革命委员会成立，付云清任书记兼革委会主任，张守俊任副书记。1978年6月，市教育局党委对市聋哑学校党支部关于支部改选进行批复，付云清任书记，张守俊任副书记，曾厚棉任委员。

1987年，徐州市教育局党委任命丁兆吉为市聋哑学校副书记兼校长。1991年10月，袁宝书调任市聋哑学校党支部副书记。

1976年8月，铜山聋哑学校筹建后，由分配来校的副校长赵生祥、教导主任孙敏言以及教师朱爱玲、朱遂新等4名党员组成支部，赵生祥任党支部书记。1980年1月，赵生祥退休后，孙敏言任支部负责人。

1989年9月，铜山县第二聋哑学校在铜山县教学仪器厂筹建，学校校长由铜山县教学仪器厂厂长况延筹兼任，铜山县教学仪器厂与铜山县第二聋哑学校同为一个支部，况延筹任党支部书记。1989年8月，铜山县教育局任命王立法为铜山县第二聋哑学校校长兼党支部书记。1997年1月，崔炳臣任副书记。

2000年，徐州市聋哑学校和铜山县聋哑学校实行联合办学，王立法任学校书记兼任校长。2002年3月，徐州市特教中心、铜山县聋哑学校党总支举行成立大会，王立法任党总支书记。2015年8月，裴洪光任学校党总支书记，李之刚、张基峰为副书记。

（二）发挥支部的战斗堡垒作用

校党总支一班人充分认识到，党的基层组织是党全部工作和战斗力的基础，是党的领导和执政的重要基础，是党在社会基层组织中领导党员和带领群众进行中国特色社会主义建设的战斗堡垒，是党在社会基层单位的政治核心。如何充分发挥基层党组织的战斗堡垒作用，始终保持党组织的旺盛生命力，是摆在每一位党建工作者面前的重要课题。

一手抓党员素质教育，一手抓党员的模范带头作用，充分凸显支部的工作特色，教育党员树立终身学习理念，树立学习工作化，团队学习、创新性学习等理念，不断提升党员的党性修养、品德素养和工作技能，为发挥党员的先锋模范作用打牢学习基础。1997年6月，铜山县第二聋哑学校党支部荣获"铜山县先进党支部"称号；1999年6月，铜山县第二聋哑学校党支部荣获"江苏省先进党支部"称号。

学校党总支要求党员在平凡的岗位上起到模范带头作用，在自己的言行、工作、学习、生活上处处严格要求自己，既要做克己奉公、无私奉献的模范，又要做服从组织、严守纪律的模范，以良好的党员形象影响、带动身边的职工群众共同进步、共同提高。多次召开总支大会，教育党员干部全心全意为人民服务，做合格的共产党员。李之刚副书记强调每位党员干部要自党按照"三严三实"的要求修身做人、为官用权、干事创业，为特教事业的发展做出新的贡献。张吉峰副书记围绕"做官先做人，做人必修身；做人讲人品，为官讲官德"做了具体论述和要求，强调每位党员干部必须做到"慎初""慎隐""慎微"。以"严"和"实"的工作作风，把各项工作做扎实、做到位，为学校发展注入新动力。

学校党总支开展多种形式的活动激励党员做好本职工作，更好地为党的教育事业做贡献。2019年5月，党总支组织教职工党员观看了电影《李司法的冬暖夏凉》，让全体党员再次接受了一次"不忘初心，牢记使命"的党性教育。李司法平凡的岗位，非凡的人生，令人感动、让人敬重、给人力量，激励着大家立足岗位，学先进、争楷模、做贡献。

2019年10月，党总支开展"不忘初心，牢记使命"集中学习活动，党员教师结合本职岗位、分管工作，从不同的经历、不同的视角、不同的思路，讲出了"初心是什么、使命干什么、奋斗比什么"的真心话和实在话。教师们认为，守好初心就是要教好特殊需要学生，为学生今后的生活和工作谋发展。担当使命就是要始终做好为特殊需要学生终身发展的教育工作，为他们能适应社会、享受新时代幸福生活而努力工作。奋斗比的就是奋斗和奉献精神，要不怕吃亏、不怕吃苦。

二、团队工作

我校共青团、少先队工作在上级团组织和学校党支部/党总支的坚强领导和关怀重视下，全面贯彻党的教育方针，以加强未成年人思想道德建设为着力点，团结带领全校团员、少先队员紧紧围绕学校的中心工作开展活动，认真做好团、队的各项工作。

（一）少先队活动丰富多彩

徐州市教育局接管私立聋哑学校后，首先将少先队工作作为开展学生思想工作的重要内容来抓。1957年，学校建立了少先队组织，首批有7名学生加入了少先队组织。随着办学规模的逐步扩大，少先队大队部在共青团组织的直接领导下，根据学生的实际情况，结合各时期的形势和要求，开展有教育意义的活动，如学习雷锋、张海迪、赖宁等英雄人物，开展"五讲四美三热爱"等活动。

20世纪90年代，徐州市聋哑学校少先队大队部组织开展了针对聋生生理、心理特点的活动，分阶段开展丰富多彩的主题教育活动，如定期举行升国旗仪式、参观德育基地、参加少年军校等，加强了对聋生的思想教育，提升了他们的素质水平。1992年开展的"立志、实践、勤学、成才"主题活动，引导学生勤学苦练，将来报效祖国；1995年开展的"向希望工程捐款捐物"活动，使学生懂得弘扬扶贫济困、助人为乐优良传统的重要意义；1996年开展的"争当优秀生，学做合格小公民"活动，使学生懂得了要树立远大理想，发扬团结一心、勤劳勇敢、自强不息的精神；20世纪90年代末期开展的"迎港澳回归"活动，使学生们加深了对祖国的热爱，感受到做一个中国人的骄傲，激起勤奋学习，将来报效祖国的信心。

少先队活动的开展，使广大学生提高了对爱国主义及革命传统意义的认识，促使他们珍惜今天的幸福生活，努力学习，将来报效祖国。1992年，少先队员杨梅被评为"全国红旗积极分子"。

铜山聋哑学校建立以后，一直通过开展少先队工作来加强学生思想的教育。魏宪臣担任少先队大队辅导员。

（二）共青团工作扎实开展

建校初期，徐州市聋哑学校没有团组织，学校青年教师中的共青团员归属徐州市和平桥中心小学团支部领导。1964年10月，徐州市聋哑学校建立团支部，历爱华任团支部书记。1974年12月，学校团支部进行改选，孙秀芳任书记，教师朱金环、学生李金岭为委员。1979年12月，市教育局团委对市聋哑学校团支部批复，张守俊任团支部书记，朱金环、赵文美任委员。1981年6月，新的团支部由朱金环任书记。1982年，徐州市聋哑学校学生孙玉梅出席共青团徐州市第六次代表大会，被选入主席团。1992年，徐州市聋哑学校共青团员郭伟被团省委命名为"学赖宁好少年"。

1977年以后，学校团组织结合国家大政方针及时代要求先后组织开展了"学雷锋、树新风、创三好"活动，"五讲四美三热爱"活动；开展向张海迪、老山英雄等英模学习活动，要求共青团员起模范带头作用。通过活动激发了青年团员教职工和学生的工作热情与学习态度，树立起共产主义远大理想，更好地为建设祖国贡献青春和力量。

铜山聋哑学校建校以后一直加强团的工作，1978年朱爱玲担任学校首任团支部书记，1982年赵洁担任团支部书记。

铜山县第二聋哑学校建校后，由裴洪光担任首任团支部书记。校团委由教工团支部、学生团支部和工人团支部组成。

铜山县第二聋哑学校团支部1989年被铜山县团委评为铜山县标兵团支部，1993年被徐州市教育局团委评为优秀团委。2013年，王岚为学校团队工作负责人。

在徐州市团市委、教育局团委的正确领导下，我校广大团员青年积极投身于特殊教育发展之中，结合本校实际，针对青少年的思想状况和身心发展特点，充分发挥团队组织优势，围绕教育教学工作大局开展一系列活动，取得了良好效果，涌现出一大批有理想、有作为，在工作和学习中取得突出成绩的优秀团员青年。2015年4月，盲七年级团支部、聋职高团支部被徐州市教育局团委评为"五四"红旗团支部，王帅、朱然然被评为优秀团员，王岚、刘康、赵红艳被评为优秀团干，教师陈超、张文莉获关心支持奖。2016年，我校聋部高中团支部被团市委评为2016年度共青团组织先进集体。袁媛、董祥立被评为优秀团员。2017年、2018年共青团员葛梦丹、陈威、陈川凤等同学分别被评为市"励志少年"。2019年王新元同学被评为全国"最美中职生"。

三、工会工作

学校工会是中国教育工会的一个组成部分，是一个特殊的产业工会。它是教育系统覆盖面最广、具有普遍代表性、以一个整体出现于社会的教职工自愿结合的工人阶级群众组织，是发展我国教育事业的重要力量。

徐州市聋哑学校于1958年成立了教育工会小组，由学校负责人朱锡科任小组长。当时工会的主要任务是带领教职工学习党的大政方针、马列主义理论，学习刚公布的《中国工会章程》《中国工运史料》等文件，组织开展文体活动等。1978年，在市教育局工会的领导下，学校工会恢复了活动。工会的主要任务是：在学校党支部的领导下，围绕党和国家中心工作，配合学校行政，针对新时期职工的新特点，开展多种形式的教育活动。

1987年4月，徐州市聋哑学校教职工召开第一次代表大会。1979年以来，张守俊、李秀云、郭继章先后担任工会主席。

学校工会还协助校长室为教职工解决家庭生活、恋爱婚姻、住房需求等方面的困难，受到教职工的好评。根据学校远离市区、生活匮乏的实际，在对教职工进行思想教育的同时，积极开展丰富多彩的活动，以此舒解教师工作压力，让教师有良好的、轻松的心情，以积极、热情、健康的身心投入教学工作中。比如，举办演讲比赛，开展象棋、乒乓球、篮球、书画、文艺表演等比赛活动。1996年以后，多次组织优秀教师、班主任外出参观学习。

铜山聋哑学校建校以后，各项工作正常开展，学校工会也随之建立起来。1978年至1996年，朱遂新、张士民、董超、刘占潮、陈洪举先后担任工会主席。

铜山县第二聋哑学校和铜山县教学仪器厂属同一工会。1989年至2000年，丁培训、窦学厚、鹿炳文任工会主席。2011年，徐州市特殊教育学校召开第七届工会委员会换届大会，邢传龙当选为第七届工会主席；2018年12月，学校工会举行第八届换届选举大会，刘莉当选为工会主席。

为丰富教职工生活，增强教职工的身体锻炼意识，增强学校的凝聚力和战斗力，学校工会还每月开展一次体育活动竞赛，在活动经费允许的情况下每学期举行两次户外活动，使全校教职工热情洋溢地参加活动，在活动中放松身心、增强体质，在轻松愉快的气氛中度过每一天。

2018年工会组织的教职工花样运动会，有四项团体项目：无敌风火轮、齐心协力、传输带、空中飞球。同年举办"风采杯"教职工才艺大赛，共有126人次参加了语言、音舞、手工、书画四大类不同项目的比赛。2019年，在市教育局工会组织的全市教职工乒乓球比赛中，我校取得了团体第一名的优异成绩。

四、关心下一代工作委员会

中国关心下一代工作委员会（简称"中国关工委"），于1990年2月经党中央、国务院批准成立。中国关工委是以组织老同志来进行关心、教育下一代的工作为目的的群众性工作组织。1992年，徐州市聋哑学校关工委成立，动员全社会力量齐抓共管学生的思想政治工作。我校关工委成立以后做了以下几个方面的工作。

（一）做好特困残疾学生帮扶工作

扶困形式多种多样：一是建立特困生档案，走访特困生家庭，确立有效的帮扶方案；二是学校在每学期开学初，针对家庭生活困难学生的实际经济情况，采取帮扶措施使每一名特困生都能顺利入学；三是对家庭困难的学生发放生活补助金；四是通过教师捐助、社会赞助、学校补助等多种渠道筹集资金，或单位捐资赞助，或个人自愿结对，对特困学生予以专项助学帮扶。2011年全校困难学生生活补助资金达15万元，2012年生活补助资金近20万元。目前，在校学生全部实行免费入学、免费午餐，使学校不仅成为残疾孩子学习的校园，还是他们幸福生活的乐园。

如南京爱德基金会每学期资助1万多元，资助20名盲生，10多年达十几万元。每年助残日，各级政府和社会单位更是纷纷为残疾学生奉献爱心、捐款捐物，3年累计捐款达数十万元。我校还拓宽残疾人就业渠道，帮助残疾学生就业，安排他们到校办印刷厂、盲人按摩店、宗申电器厂和蛋糕房实习就业，解决他们的实际困难。几年来已解决了500多名残疾人就业。

（二）多种渠道实施扶残助学

学校关工委利用多种渠道和方式积极实施扶残助学工作，搭建爱心平台，动员社会爱心人士和企业家来校进行结对帮困，让贫困生感受到一份温暖，同时他们也为自己的一份付出而感到荣耀。近年来，许多爱心企业和爱心人士为特教事业的发展惠教助学，如徐州军分区干休所老干部为学生宿舍资助10多万元的床上用品和体育用品；已故离休干部贾平英同志捐赠2万元，资助20名贫困残疾学生。徐州市工程咨询中心长期关心支持特教事业发展，冬天送来冬衣、运动鞋、食品和书籍，为学校捐款捐物达几十万元；徐州市心缘志愿者开展为盲部学生献爱心活动，在学校建立心目影院，定期为学生放映；中国矿业大学材料与物理学院烛光体协会大学生爱心志愿者每到周末来学校义教义工，为盲生讲故事、陪盲生做游戏，已经坚持了16年之久。

（三）搞好社会、学校和家庭三结合教育

加大了共建力度，搞好社会、学校和家庭三结合教育。学校关工委争取社会力量对残疾学生的关心与支持。与法院联系，聘任了法制副校长；与部队联系，长期共建，结下了深厚的友谊，每年残疾学生都接受军训；与高校联系，给大学生志愿者搭建了爱心平台，相互励志，传递爱的正能量；让更多部门和社会力量参与残疾人的教育。

2015年学校承办的关爱超市被江苏省教育厅关工委评为江苏省明星关爱

超市，关工委充分发挥关爱超市的作用，把社会捐赠的爱心物资不但给学校的残疾孩子，还把爱心传递下去，把剩余的爱心物资送到贫困乡镇，为鼓楼区、铜山区、邳州市和睢宁县送去衣物1000多件、学生文具用品近1000件。2018年，我校被评为徐州市关工委先进集体，受到中共徐州市委的表彰。

面对成绩的同时，我们也清醒地认识到做好关心下一代工作的长期性、艰巨性。我们将与时俱进，开拓创新，更大程度地满足青少年实现自我发展和不断成长的需要，结合学校实际和残疾学生特点，做出新的成绩。

第四章

教师干部队伍

学校拥有一支具有现代特教视野、勇于开拓创新、乐于吃苦奉献的干部队伍和一支师德高尚、教学水平精湛、热爱残疾学生的教师队伍；已经形成了名教师、名校长、名校的"三名"优势效应；现有省市级学科带头人、徐州市领军名师等一批优秀教师群体，为残疾学生享受优质教育创造了有利条件。

一、教职工的配备

担任特殊教育的教师必须具有特殊的教学才能，才能对残疾学生进行教育和传授知识。建校初期，徐州市聋哑学校原有的教师都是非师范类毕业，1956年9月徐州市教育局接管徐州市聋哑学校后，把特殊教育纳入国民教育体系，之后在党和政府的关怀支持下，聋教育事业不断发展，入学聋童逐渐增多，原有的教学人员远不能满足教学需要，开始从普通学校抽调教师担任学校教师。到1988年，徐州市聋哑学校、铜山县聋哑学校的教师均来自徐州师范、沛县师范、铜山师范、运河师范等普通师范学校毕业生或普通学校抽调的教师，他们是到学校以后才开始接触聋教育这个领域的，才开始学习手语等专业技能的。

1989年8月，徐州市教委分配给徐州市聋哑学校南京特殊教育师范学校第一批毕业生靳军，使徐州市聋哑学校有了第一名专业的教师。进入20世纪90年代以后，除了普通师范院校的毕业生之外，南京特殊教育师范学校、如皋师范学校特师班的毕业生陆续分配到徐州市聋哑学校、铜山县聋哑学校、铜山县第二聋哑学校，为特殊教育输入了新鲜血液，基本满足了特殊儿童的特殊学习需要。

由于特殊教育学校的特殊性，教师的配备比普通学校要高得多，我校严格按照聋教育、盲教育的配备标准配足配齐特殊教育教师，为全面提升特殊教育的质量，确保残疾学生能幸福成长奠定了坚实的基础。

学校加强对在职教师的文化进修和业务培训。为落实《国家中长期教育改革和发展规划纲要（2010—2020年）》要求，进一步完善教师队伍建设标准体系，引领特殊教育教师专业成长，促进特殊教育内涵发展。2015年8月，教育部下发《关于印发特殊教育教师专业标准（试行）》（教师〔2015〕7号）的通知，本标准是国家对合格特殊教育教师的基本专业要求，是特殊教育教师实施教育教学行为的基本规范，是引领特殊教育教师专业发展的基本准则，是特殊教育教师培养、准入、培训、考核等工作的重要依据。

一个特殊教育工作者一定要有师德为先、学生为本、能力为重和终身学习的理念，要具备符合特殊教育教学的专业知识和专业能力。在充满艰巨性、复杂性、特殊性的特殊教育领域，要想有作为，就必须具备过硬的素质。

二、教职工的待遇

学校创办初期为私人办学，由于学生很少，学杂费收入归办学人员所有，教师无其他待遇。1956年政府接管学校后，教师的待遇逐步得到改善，工资由政府支付。从1971年起，教师工资逐年得到调整，教师的经济收入状况逐步得到改善。

我校认真执行国家规定有关特殊教育教师的待遇。1956年教育部（56）计劳董字第30号文件规定："对于盲、聋哑中小学的员工，除按中小学工资标准分别评定外，对教员、校长、教导主任还应按评定的等级工资另外加15%，以表示鼓励。"1981年教育部《关于中等专业学校、盲聋哑学校班主任津贴试行办法》公布，根据要求发放班主任津贴；这些待遇随着工资的增加逐年提高，增加教师收入，充分体现了党和政府对特殊教育工作者的关怀。除此之外，学校还根据自身能力尽量为教师提高福利待遇。

特殊教育是我国国民教育体系中的重要组成部分，特殊教育真正体现了人人享有受教育权利的平等性，是让所有人包括残疾儿童都能够平等地接受适合其独特需要的高质量的教育。特殊教育教师的稳定和发展对于保障与促进特教事业的健康正常发展至关重要。建校以来，我校教师辛勤劳动，使残疾学生得到全面发展，国家和社会设置了各种奖项褒奖特殊教育的教师们。

从20世纪80年代开始，我校教师努力工作、献身特教，先后获得了全国优秀教师、全国特殊教育先进工作者、江苏省劳动模范、江苏省特级教师、"红杉树"园丁奖、"交通银行杯"特教园丁奖等一系列荣誉；王立法、孙敏言、裴洪光等人先后成为江苏省人大代表、省市政协委员，利用参政议政的平台，为国家大事建言献策，并通过参与会议反映了特殊教育的呼声。

为加强特殊教育师资队伍建设，促进全校教师健康成长，我校加强对教师的业务培训，积极鼓励教师努力学习国内外最新的特殊教育理论并运用到自己的教学之中。从1997年开始，学校多名教师赴英国、加拿大、澳大利亚等国学习进修，并到德国、韩国参加交流活动。我校还积极争取参加各种特殊教育大赛，在国家及省的信息技术、软件制作、书法美术、舞蹈体育、特殊教育青年教师基本功大赛等各项比赛中都取得了优异成绩。

三、教职工名单

特殊教育教师作为一种职业，有着丰富的从业内涵，也有着与其他任何职业迥然不同的专业化要求。建校70年来，一批又一批教师为了残疾学生的成长呕心沥血，在他们的精心培育下，一批又一批身残志坚的优秀学生茁壮成长。这些教师有的已经故去，有的已经调离，有的已经退休，但他们为特殊教育奋斗的精神永远激励着后人，我们将永远铭记老教师树立的精神丰碑，沿着他们开辟的道路继续前进。

（一）徐州市聋哑学校（1950—1999年）

郑斯立	马文贞	顾关之	杨平章	周长淑	朱锡科
刘玉溶	熊青平	石振玉	朱椿年	历爱华	夏自谦
陈洪英	张兴华	孙厚德	蔺永宽	童锡光	杨湘平
柳振河	胡颖	李秀云	张松溪	耿广顺	李树久
朱华先	陈永成	任秉增	冯宪密	张忠贤	翟广龙
朱金环	孙秀芳	赵文美	刘瑞贞	郑广华	赵丽
孙录华	李洪升	郭继章	王洪才	阎志兰	曾厚棉
张守俊	付云青	连广琴	张美贞	吴曼卿	武立荣

周继洪	王昌训	宋新华	赵书华	朱昌来	张月英
郭建国	何巧云	王德安	王胜友	潘志纯	王广邦
苗爱琳	郑丽	李新民	姜成义	朱继禹	彭建武
周长城	李建淑	孔繁东	王淑梅	张义刚	李伯强
陈义坤	刘文	张士臣	王功孝	卓颖	刘孝友
凌巧	黄以瑞	孟兰英	武建才	徐强	张传良
李广华	杨爱珍	靳宝才	张永和	刘桂芬	王灵侠
马士弘	于世华	刘玉萍	李夫元	姚志勤	陈桂云
邢传龙	韩玉成	吴继平	胡树香	李玉芹	刘同榜
李大鹏	权启广	王冠淑	徐美莲	张一青	支桂莲
朱遂新	徐利				

（二）铜山县聋哑学校（1976—1996年）

赵生祥	孙敏言	朱爱玲	朱遂新	赵锡安	张文菊
罗慧玉	刘倩英	郭宜珍	杨德贞	夏秀民	陈秀如
沙中舟	林翠萍	李成春	薛侠	陈洪举	韩瑞田
周伟	马祥侠	高发旬	韩光明	魏家富	胡书龙
魏廷叶	李和平	时甦	董超	闫秀兰	刘月娥
王忠强	姚焕莲	马斌	李春德	姚瑞兰	陈瑞莲
马成田	魏宪臣	薛亚军	张思英	周玉莲	刘占潮
张士民	杜庆功	任秀兰	黄敏	王绪成	莫秀君
胡德岩	徐新河	孙慧玉	姜秀芹	李松民	曹明照
陈善彬	朱永镇	何宁	赵素梅	李军	乔继法
李维斯	魏秀娟	徐荣珍	王芹	朱孝顺	赵洁
王昌华	徐安庆	王兆永	王兆飞	赵凤玲	许斌
权太云	陈尊红	拾玉红	薛龙梅	夏凤芹	于大庄
王芳	李碧清	魏超	朱爱珍	蒋召侠	张庆余
徐丽	胡继田	孙守伟	闫芳	李芹	赵杰
韩耸立	苗云	王庆宝	薛良骥	侯兴启	鲁怀明
王宜兴	鲁军	孟兰英	刘培芝	董云华	房芳

（三）铜山县第二聋哑学校、铜山县聋哑学校（1989—1999年）

况延筹	王立法	张晓雨	王成	李治山	孙洪源
窦学厚	张文田	袁长荣	丁培俊	闫秀荣	王洪涛
海英	裴洪光	李之刚	曹秀娥	朱艳梅	闫桂真
刘建民	祝杏秀	赵莉	田华	于水	盛大权
赵美娟	秦璐	赵秋	鲍红安	张红	王婷
李军	苗云	赵杰	胡书龙	王芳	宋艳
韩耸立	乔继法	王兆永	田广英	江红英	潘莉
孟静	李维斯	魏秀娟	郭宏	刘学建	陈云
崔炳臣	赵剑	凌峰	佟桂玲	张荣	李慧
袁龙芝	郭宜珍	杨根生	胡书龙	孟侠	王慧
孟鸿云	刘莉	张象	藤慧	张颖	张飞
李彦	王玉红	卞海峰	潘媛媛	毛立俭	李振民
赵宾阶	韩振荣	袁长华	耿瑞田	支贵荣	徐淑平
陈衍正	田广英	郇红	史再宇	杜明全	鹿炳文
赵武杰	李玲	宋丹枫	张立华	焦德祥	燕怀民
王庆新	章平	刘学风	王玉涛	张明义	刘正风
李峰	杜海同	滕文芳	范辅	卜庆生	祝玉玲
孙秋梅	朱连民	章新	张夫胜	常爱平	孙宝华
刘德存	赵玉亮	胡洪福	马立群	张慈俊	许继亚
张爱国	许启香	王庆宝	徐芳	张文豹	邹冬梅
陈庆梅	杨金石	卓振	房芳	平昌盛	钦邵岭

（四）铜山县聋哑学校、徐州市特教学校（2000—2020年）

王立法	裴洪光	崔炳臣	张基峰	赵书华	李之刚
王庆宝	靳军	平昌盛	鲍红安	何巧云	郑权
李维斯	张美贞	朱金环	钦邵岭	韩耸立	潘兰
邢传龙	赵剑	张红	苗云	凌峰	辛然
李军	张晓雨	赵杰	张飞	乔继法	佟桂玲
王成	张荣	杨根生	胡书龙	孟侠	赵美娟
王慧	孟鸿云	刘莉	郭宜珍	袁龙芝	孟静

李彦	陈庆梅	王玉红	卞海峰	王兆永	魏秀娟
徐芳	邹冬梅	张象	滕慧	张颖	赵娇
潘媛媛	卓振	朱昌来	李玉芹	宋浩	赵秋
朱遂新	杨香萍	张一青	王敏	王蕾	庄玉
李建书	孙秀芳	朱树林	朱月侠	李肇胤	耿峰
王冠淑	王公孝	郭建国	陈兴贵	张文莉	张一青
梁冰	李莉	李雪	王珊	王海波	王淑香
孙玉莉	黄莉	汪梦寒	刘同帮	李洪升	郑莉
武建才	白雪	昝静	毛立俭	宋艳	陈云
赵宾阶	邢传龙	韩振荣	袁长华	耿瑞田	支贵荣
陈衍正	田广英	郇红	史再宇	杜明全	鹿炳文
徐淑平	赵武杰	李玲	宋丹枫	张立华	刘琪
王庆新	章平	刘学风	王玉涛	张明义	刘正凤
李峰	杜海同	滕文芳	范辅	卜庆生	祝玉玲
孙秋梅	朱连民	章新	张夫胜	常爱平	孙宝华
刘德存	赵玉亮	胡洪福	马立群	张慈俊	许继亚
张爱国	许启香	焦德祥	燕怀民	郭宏	钟庆来
李艳	姚佳辛	邵林	田彦鹏	李贵明	苗锦锦
胡文欣	岳佳星	郑亚楠	单小芳	陈学薇	袁海艳
张军	毕振侠	陈超	杜娟	许红梅	刘斌
陈赛男	周凤文	田淑珍	吴翠平	周倩	周慧慧
刘学建	张文豹	程奇	张继友	朱荣香	江红英
陈颖	马潇	潘莉	佟莉	王婷	刘莉（小）
邬发敏	燕宪遐	周倩	赵丹丹	常燕	陈炜
李振民	王安琪	王岚	王伟	吴世科	房芳
付前进	高元强	季少君	李智	周长城	赵展虎
刘茹	孟晓琳	秦璐	宋磊	张洪鹏	杨艳艳
盛莉	王茂颖	王淑艳	魏雪	吴翠平	杨金石
叶培	赵前	程诚	宋振芳	刘晨	袁媛
郁淑蕾					

四、领导集体

徐州市特殊教育学校拥有一支有明确办学思想、具有特教视野、善于把握机遇、勇于开拓创新、乐于吃苦奉献的干部队伍。建校70年来，在老一辈领导艰苦奋斗、牢记使命、任劳任怨精神的感召下，各任领导秉持"不忘初心、永不停滞"的创业精神，学校已经变成了残疾学生学习的乐园。

（一）历任校长（负责人、主持工作）

1. 徐州市聋哑学校

时间	学校名称	姓名	任职时间	职务
1950年9月—1953年8月	徐州市聋哑私塾	郑斯立 马文贞	1950年9月—1953年8月	负责人
1953年9月—1956年8月	徐州市私立新华小学	郑斯立	1953年8月—1956年8月	负责人
1956年9月—1977年2月	徐州市聋哑学校	郑斯立	1956年9月—1958年3月	负责人
		朱锡科	1958年4月—1965年12月	负责人
		夏自谦	1965年7月—1977年1月	副校长
		柳振河	1969年9月—1977年2月	副校长
1977年3月—1979年11月	徐州市聋哑学校革委会	夏自谦	1977年3月—1979年11月	组长
1979年12月—1984年5月	徐州市聋哑学校	柳振河	1979年12月—1984年5月	副校长
1984年6月—1987年3月	徐州市第一聋哑学校	付云清	1984年6月—1987年6月	副校长
1987年4月—2000年1月	徐州市聋哑学校	丁兆吉	1987年9月—1992年8月	副校长

2.铜山聋哑学校

时间	学校名称	姓名	任职时间	职务
1976年9月	铜山聋哑学校	赵生祥	1976年9月—1980年8月	副校长（主持工作）
		孙敏言	1980年4月—1984年5月	
1984年6月—1987年3月	徐州市第二聋哑学校	孙敏言	1984年6月—1987年3月	校长
1987年4月	铜山县聋哑学校	孙敏言	1987年4月—1992年7月	校长
		董超	1992年8月—1995年1月	副校长（主持工作）
		鲁怀明	1995年1月—1995年7月	校长
1995年8月—1996年7月	铜山县进修学校特教处	鲁怀明	1995年8月—1996年7月	主任

3. 铜山县第二聋哑学校

时间	学校名称	姓名	任职时间	职务
1989年9月—2000年1月	铜山县第二聋哑学校	况延筹	1989年9月—1996年6月	校长
		王立法	1996年7月—2000年1月	校长

4. 徐州市特殊教育中心、铜山县聋哑学校

时间	学校名称	姓名	任职时间	职务
2000年1月—2010年7月	徐州市特殊教育中心	王立法	2000年1月—2003年7月	校长
	铜山县聋哑学校	裴洪光	2003年9月—2010年6月	校长

5. 徐州市特殊教育学校

时间	学校名称	姓名	任职时间	职务
2010年7月—	徐州市特殊教育学校	裴洪光	2010年7月—2015年8月	校长
		李之刚	2015年8月—	校长

（二）历任党支部书记

1. 徐州市聋哑学校

时间	学校名称	姓名	任职时间	职务
1972年9月—1977年3月	徐州市聋哑学校	夏自谦	1972年9月—1977年1月	书记
		谢鹏雨	1977年1月—1979年3月	书记
1980年9月—1987年11月	徐州市第一聋哑学校	付云清	1980年9月—1987年11月	书记
1987年12月—2000年1月	徐州市聋哑学校	丁兆吉	1987年12月—1992年8月	书记
		袁宝书	1992年9月—2000年1月	书记

2. 铜山聋哑学校

时间	学校名称	姓名	任职时间	职务
1976年9月—1995年7月	铜山聋哑学校	赵生祥	1976年9月—1980年8月	书记
		孙敏言	1980年9月—1985年6月	书记
	徐州市第二聋哑学校	朱效顺	1985年7月—1986年1月	书记
	铜山县聋哑学校	王昌华	1986年1月—1990年7月	书记
		董超	1992年7月—1995年7月	副书记

3. 铜山县第二聋哑学校

日期	学校名称	姓名	任职时间	职务
1989年9月—2000年1月	铜山县第二聋哑学校	况延筹	1989年9月—1992年3月	书记
		王立法	1992年4月—2000年1月	书记

4. 徐州市特殊教育中心、铜山县聋哑学校

日期	学校名称	姓名	任职时间	职务
2000年1—2010年8月	徐州市特殊教育中心	王立法	2000年1月—2003年8月	书记
		裴洪光	2003年8月—2010年8月	书记

5. 徐州市特殊教育学校

日期	学校名称	姓名	任职时间	职务
2010年9月—	徐州市特殊教育学校	裴洪光	2010年9月—	书记

（三）部分领导介绍

回顾历史，从学校的创建人及后来的各位校长、书记在学校的发展中起到了举足轻重的作用，他们对残疾学生的挚爱和对特殊教育的无限激情，感动了社会各界，赢得了政府的支持，使得徐州市特殊教育学校能够跟随新中国前进的步伐得以发展壮大。

1. 郑斯立

郑斯立，徐州铜山人。号"哑道人"，自幼聋哑，徐州市聋教育创始人。1950年9月至1958年3月主持学校工作。郑斯立聪明好学，能用书面语与健全人交谈，喜爱书法、绘画、武术。他在当时的徐州颇有名气，能双手写梅花篆字，平时也喜欢画些山水人物，不少商家请他书写匾额。

郑斯立为人正派，他自筹经费，利用自家房屋，与妻子马文贞共同创办了聋哑私塾。他热爱聋哑教育事业，热爱聋哑儿童，为徐州聋教育事业花费了巨大的精力和心血，做出了突出的贡献。

2. 夏自谦

夏自谦，1965年12月至1977年1月任副校长，主持学校工作。1972年至1977年为学校第一任书记。夏自谦在聋哑学校期间协调军宣队、工宣队及驻地各方面关系，使学校得以正常运转。

3. 付云清

付云清，山东潍坊人。1977年从徐州市教育局学农基地调到徐州市聋哑学校，先后任书记兼校长，后任专职书记。付云清多年从事聋哑学校的领导工作，为聋教育事业做出了积极的贡献。1986年被评为"徐州市优秀教育工作者"。

4. 袁宝书

袁宝书，1991年11月从徐州市第二十八中学调任市聋哑学校党支部副书记，至2000年1月主持学校工作。主持工作以来，市聋哑学校取得了较大的成绩，先后获得"徐州市花园式单位""徐州市文明单位""徐州市优秀特殊教育学校""徐州市模范学校"等荣誉称号。

5. 赵生祥

赵生祥，江苏徐州人。铜山聋哑学校创建人，早年投身革命工作。1976年8月至1980年任铜山聋哑学校副校长，主持学校工作。建校初期，办学条件艰苦，他不顾年老体弱，工作勤奋，勇挑重担，带领教职工白手起家，建成600平方米教室两排和1100平方米的食堂、宿舍楼，为铜山县聋教育的开展做出了贡献，改写了铜山县有史以来没有聋教育的历史。1980年退休，享受县处级待遇。

6. 孙敏言

孙敏言，上海人。1976年至1992年在铜山县聋哑学校工作。1980年任副校长，主持学校工作。她热爱特教事业，热爱聋哑儿童，为学校的发展做出了不懈的努力。1985年荣获"全国特殊教育先进工作者"称号，1986年被省政府表彰为"江苏省劳动模范"。1981年至1985年被选为省总工会候补委员，是铜山县第八、第九届党代会代表，铜山县第十届人大代表，徐州市第六、第七届党代表，江苏省第七届党代表。

7. 况延筹

况延筹，江苏铜山人。1956年开始先后在铜山县中小学担任领导职务。

1984年担任铜山县教学仪器厂厂长，1989年7月创办铜山县第二聋哑学校，1989年至1991年兼任铜山县第二聋哑学校校长。他热爱特教事业，关爱残疾儿童，作风踏实，治校有方，成绩显著。1990年被评为"江苏省残疾人之友"，1991年被表彰为"江苏省勤工俭学先进工作者"。

8. 王立法

王立法，江苏铜山人。1992年至2003年9月任铜山县第二聋哑学校、铜山县聋哑学校徐州市特殊教育中心校长兼党支部书记。主持学校工作以来，忠诚党的教育事业，关爱残疾少年儿童。他一身正气，廉洁奉公，依法治校，以开拓者的心胸，甘于奉献的精神将学校办成了江苏省一流的特殊教育学校。1997年获"全国特殊教育先进工作者"、"江苏省优秀校办企业家"称号。1998年被评为"红杉树"园丁银奖，1999年被市教委评为"徐州市首批名校长"，2003年2月当选江苏省人大代表。

9. 裴洪光

裴洪光，江苏铜山人。1990年分配到铜山县第二聋哑学校工作，中小学高级教师。2003年至2015年任铜山县聋哑学校、徐州市特殊教育学校副校长、校长，现任徐州市特殊教育学校党总支书记。2008年12月被民政部评为"全国优秀慈善工作者"，受到国家领导人的接见；2009年被评为"徐州市名校长"；2010年被评为"徐州市第五批拔尖人才"；2012年6月当选徐州市政协委员；2013年被评为"感动徐州教育人物"和"徐州市劳动模范"；2014年被确定为江苏省"333"工程第三层次培养对象。多年来，他满怀对特教事业的忠诚和残疾孩子的关爱，全身心耕耘在这块阵地上。全面贯彻国家的教育方针和科学发展观，事事从学校整体利益出发，公而忘私，广纳众言，坚持原则，以身作则，默默地工作在特教领域，在事业的征程上留下了一串串闪光的足迹。

10. 李之刚

李之刚，江苏铜山人。1990年9月分配到铜山县第二聋哑学校任教，中小学高级教师。2015年9月至今任校长、党总支副书记；从2017年起担任徐州市残疾人联合会副理事长。从事特殊教育工作以来，他善于学习、肯于钻研、大胆创新、勇于实践，用自己的睿智和人格魅力打造、发展、成就着徐州市特殊教育学校，成为国内比较知名的特殊教育专家。他先后被评为"全国白内障无障碍省"工作先进个人、江苏省课程改革先进个人、徐州市优秀慈善工作者、徐州市优秀教育工作者、徐州市教育系统优秀共产党员、徐州市师德先进个人、徐州市"支持共青团工作的好校长"等荣誉称号,多次年终考核为优秀等次。在抓好学校管理工作的同时,扎根课堂教学,积极开展特殊教育领域的教育科研工作,他主持的江苏省教科院重点课题"发挥特教资源中心作用,构建学前融合教育模式"研究已顺利结题,撰写的论文多次在国家、省、市获奖,10余篇论文发表在国家及省级杂志上。

五、名师队伍

《中国教育改革和发展纲要》中指出:"谁掌握了面向二十一世纪的教育,谁就能在二十一世纪的竞争中处于战略主动地位。"这就是说,必须把教育放在优先发展的战略地位。百年大计,教育为本。在教育中应该说它是以教师为本。在学校教育中,教师直接担负着教育与培养学生的任务,党和国家关于教育工作的方针、政策,主要依靠教师来贯彻实施。在提高劳动者素质和培养人才的过程中,教师发挥着主导作用。《教师法》的颁行目的,就是通过建设一支优秀的教师队伍,促进我国教育事业的迅猛发展。而提高教师素质就成了加强教师队伍建设的首要工作。

建校以来,学校一直把提高教师素质作为学校的主体工作来抓,教师队伍师德高尚、业务精湛。学校培养了江苏省特级教师、江苏省特殊教育学科带头人、徐州市领军名师等一批在国内外有影响的名师队伍,为服务特殊教育、让残疾学生享受优质教育创造了有利条件。

1. 赵锡安

赵锡安,天津人,中小学高级教师。1976年至1991年在铜山县聋哑学校工作。1986年被评为"全国特殊教育先进工作者",1990年被评为江苏省特级教师。现为徐州市优秀专家、江苏省有突出贡献的中青年专家、江苏省基础教育教学指导委员会特殊教育学科专家、江苏师范大学兼职教授、教育部特殊教育新教材审查专家、联合国教科文组织可持续发展项目专家。

赵锡安长期从事特殊教育的教学、研究和管理工作,对于听障学生的语言学习和发展有着独到的见解,1989年4月参与新版《中国手语》全国培训班的备课工作,1989年11月担任新版《中国手语》全国培训班教师,《中国手语基本手势》国家标准的研制人之一。在铜山县聋哑学校工作期间，出版《手语——聋哑人的语言》（中国矿业大学出版社）、《聋校实用语文词典》（团结出版社）两部专著。1992年后独立和参与撰写的有关中国手语与聋哑学校教学类专著近30部。

1995年至1996年参与编写全日制聋哑学校实验教材数学第一册、第三册。从1998年起参加全国聋哑学校课程设置实验方案的制订，主持全国聋哑学校语文课程标准的研制工作，参与教育部特殊教育新教材的审查工作。《中国手语研究》《聋人双语双文化教学研究》《听力障碍儿童教育教学研究》等专业著作被列为研究生教材，并多次在江苏省社科联评比中获奖。《手语——聋哑人的语言》荣获"全国图书金钥匙优秀奖"。

2. 赵美娟

赵美娟，江苏铜山人。1992年参加工作，中小学高级教师，徐州市领军名师。2007年7月被中国残疾人联合会、国家体育总局评为残疾人体育工作先进个人；2014年11月被中国残联评为残疾人辅导员优秀学员；2015年9月被评为感动江苏最美特教教师（提名奖）；2016年6月被江苏省教育厅评为优秀教育工作者；2018年12月在全国啦啦操大赛中被评为优秀教练员；2019年12月荣获中国残疾人联合会、教育部评选的"交通银行杯"特教园丁奖。

赵美娟多年来在体育课堂教学实践中不断地学习反思，形成了自己独特的风格，教学追求"趣、实、乐"的原则，注重学生学习兴趣的培养，创设基于学生生活经验的情景、创设多元环境实施教学，运用友伴互助式学习及游戏化、情境化的教学方式寓教于乐，充分调动了学生学习的积极性，所带运动队学生在国际、国家、省、市级比赛中获得奖牌400余枚。

赵美娟于1999年12月获得江苏省基本功大赛一等奖，2015年9月微视频获中国教育学会特教分会二等奖，2016年12月微课《快乐的视障网球》获省一等奖，2018年3月公开课《篮球：二攻一防》获"一师一优课"省部级一等奖。她撰写的论文《实施伙伴互助，构建高效融合体育课堂》《运用普校标准测试促进聋生健康发展》等10余篇在《中国教育报》《中国教师》《现代特殊教育》等刊物上发表。30余篇论文先后获国家、省、市级奖项，并作为核心成员参与了省级"十二五"规划课题"发挥特教资源中心作用，构建学前融合教育模式研究"的研究。主持了市级规划课题"视觉障碍网球教学的实验研究""听障中学生学生体质健康标准测试研究"等多个课题。她还利用课余时间开发了《视觉障碍人网球入门》《花样跳绳校本课程》等校本课程。

3. 郑权

郑权,江苏沛县人。1990年8月至2015年8月在徐州市特殊教育学校工作。2015年被评为特级教师。徐州师范大学2009届现代教育技术专业教育硕士。他长期从事特殊教育信息化教学、科研工作,是徐州师范大学教育硕士研究生导师,国家特殊教育数字化资源标准研制小组成员,荣获全国特殊教育教师信息技术应用大赛一等奖,被评为徐州市信息技术学科带头人、徐州市特殊教育学科带头人。

他主持或参与国家、省部级以上特殊教育信息化领域的课题5项;在《中国远程教育》《中国听力语言康复科学杂志》《继续教育研究》等刊物发表学术论文10余篇,其中发表于《中国远程教育》杂志上的论文《特殊教育网络资源建设的现状、问题与发展策略》作为当期首篇推荐文章,该文被国务院发展研究中心收录并采纳。

他曾担任徐州市中小学师资培训与全国特殊教育师资培训教师、全国中小学教师教育技术水平(NECT)培训主讲教师、教育部——微软创新教师课程培训主讲教师、英特尔未来教育教师培训主讲教师、江苏省中小学教师信息技术能力培训主讲教师、上海英华特殊教育师资培训主讲教师。

第五章

学生的教育与管理

残疾学生是特殊教育学校教学过程的主体，学校教育要充分发挥学生的主体作用。学校在教育思想定位中坚持以学生为主体，以教师为主导，以能力为根本，是提高教学质量的前提，是检验教学成果的标准，是学校发展成败的关键。

一、招生情况

学校创建初期至1975年，根据国家五部有关残疾学生招生的文件精神和江苏省招生的意见并结合徐州地区实际，徐州市聋哑学校的招生范围为徐州地区八县和新海连市（今连云港市）、淮阴地区北部。1976年因新海连市及淮阴地区兴办聋哑学校，徐州市聋哑学校的招生范围缩小至徐州地区。

1975年、1976年东海聋哑学校、铜山聋哑学校分别创建，徐州地区聋教育重新划分了招生范围，东海聋哑学校负责赣榆、东海、新沂、邳县四县籍学生，铜山聋哑学校负责丰县、沛县、睢宁、铜山四县籍学生。1984年地市合并后，根据徐州市教育局招生方案，徐州市聋哑学校主要负责市区、贾汪区、郊区学生，铜山聋哑学校招收新沂、邳县、睢宁和铜山籍学生，以铜山县学生为主。丰县、沛县学生在各自新建的聋哑学校就读。

为解决铜山县聋哑学生的上学问题，1989年铜山县第二聋哑学校兴建，根据铜山县教育局招生方案，铜山县以徐州市津浦路为界，以西到铜山县第二聋哑学校就读，以东到铜山县聋哑学校就读。由于徐州所辖各县均已建立了聋哑学校，铜山县两所学校不再招收外县学生。1996年铜山县聋哑学校与铜山县第二聋哑学校合并，招生范围是铜山县、九里区、贾汪区。2000年1月，徐州市聋哑学校与铜山县聋哑学校实行联合办学，招生范围为徐州市5个区及铜山县。2012年开始，徐州市特殊教育学校招生情况为：

聋生义务教育阶段招收范围为徐州市五区，学制为九年。

聋生高中阶段招生范围为整个徐州市。普高班分计算机和美术绘画两个专业，职高班为面点专业，学制均为三年。

盲部招生范围为整个徐州市，分为小学六年、初中三年、中专学制三年。

康复部是一所集听力语言康复与孤独症康复于一体的综合性公办康复机构，是江苏省0~6岁残疾儿童抢救性康复、人工耳蜗术后康复训练定点机构，招收3~6岁听力损失及自闭症儿童。

融合部是专为口语得到较好康复的弱听孩子量身定制，采用全日制小学的基本学制。使用普通小学教材。招收小学一至六年级有一定口语能力的弱听学生。

二、学生班级人数

1957年4月教育部《关于办好盲童学校、聋哑学校的几点指示》中规定聋哑学校每班人数为12人；1981年江苏省教育厅、民政厅（81）288号文件规定每班人数为14人；2012年1月1日施行的《特殊教育学校建设标准》，班额最大不超过14人。目前我校聋生、盲生的班级人数均控制在8~12人。

三、生活管理

由于学校学生大部分住校，因此加强学生的生活管理至关重要。1974年之前，徐州市聋哑学校的生活管理都是由校领导及教职工轮流兼职，每天安排两名男、女教职工分别在男、女宿舍值夜班。1974年后，随着办学条件的改善和师生人数的增加，学校专门配备了生活教师，负责生活管理及学生晚自习的学习。1976年铜山县聋哑学校建校时，铜山县文教局专门配备了生活教师。

2005年，为加强对学生的管理，学校专门制定了《生活教师岗位职责》《值班教师职责》《学生一日生活常规》《学生请假制度》《住校生文明卫生要求》《住校生管理制度》等，以制度约束学生的行为，为学生形成良好的素质打下基础。

生活教师的职责包括：关心、爱护学生，照顾好生病学生；检查督促学生遵守作息制度，按时起床和就寝，维持好宿舍纪律，发现问题及时处理；按时开关学生宿舍大门，不擅离岗位，严格控制外来人员进入学生宿舍区，并对学生进行安全教育，认真搞好宿舍的安全保卫工作；认真做好生活记录与夜间值班记录，发现异常情况及时处理和汇报。

四、毕业生去向

残疾学生的毕业出路是家长及社会最为关心的问题。在校期间，学校就有意识地开设适合的职业教育课程，为学生今后走向社会打下基础。1984年，江苏省教育厅在南京举办"聋哑学校职业课技术教育成果展"，徐州市两所聋哑学校均参加了展览，学生制作的服装、盆景、盘扣及校办厂生产的复合肥等产品受到了省厅领导及参加全国首届特殊教育研究会年会的代表们的好评。举办展览及开设职业课的目的就是解决学生今后的生活，为将来就业打下基础。我校的做法是：

一般来自农村的学生，毕业后仍回原籍参加农业生产劳动，或由当地组织安排到民政福利工厂工作；部分学生自谋出路开厂设店。铜山籍的学生，20世纪80年代、90年代由铜山县民政局安排到所属民政福利厂工作。具有市区户口的毕业生，从1958年开始，徐州市民政局、劳动局统一分配，大部分分配到徐州市民政局所属的拔丝厂、开关厂、纸箱厂工作，成为工厂的中坚力量。如分配到徐州拔丝厂的刘开山被评为"徐州市劳动模范"，分配到铜山电业局的李鹏被评为局"优秀个人标兵"。

1995年以后，国家在就业指导政策上实行双向选择，部分毕业生利用自己在学校学到的技术，做起了个体生意，如盲人按摩、美容美发、服装裁剪、木器加工、修车配锁等。这些毕业生在自己开创的天地里努力工作，成为"理发状元""个人标兵"，有的还被评为遵纪守法的模范。

五、优秀校友

学校牢固树立"一切为了学生的健康成长"的办学宗旨，致力于为社会培养"自食其力、残而有为"的劳动者，且取得了骄人的成绩。我校毕业的学生大多数能够自食其力，有的成为国家有用人才，他们在各行各业贡献着自己的力量。

1. 刘红

刘红，徐州市聋哑学校毕业生。在校期间热爱文艺，喜欢舞蹈，在老师的培养下，素质提高很快。她表演的舞蹈曾获徐州市民政聋人文艺会演表演二等奖。表演的独舞《哑女的梦幻》获江苏省表演二等奖，印度舞蹈《苏尼塔的歌》获江苏省表演一等奖及全国表演三等奖，为徐州聋人争得了荣誉。

2. 付前进

付前进，徐州市特殊教育学校教师，听力残疾。付前进从小渴望成为一名特教老师。凭着自强不息的坚强意志，1997年考取了金陵职业大学信息管理与计算机专业，成为徐州地区有史以来第一位聋人大学生，毕业后以优异的成绩被分配到铜山县聋哑学校工作。从教以来，他多次被学校评为先进工作者。身为学科骨干教师的他用自己的言传身教、奋斗历程感染学生、激励学生，先后培养10余名聋人学生考上了大学。他在担任徐州市聋人协会副主席、主席期间，积极为聋人群众办好事、办实事。多次与交通管理部门联系协调，联合徐州市残联维权处，解决了我市聋人学驾驶的难题。

2015年12月，付前进被评为"江苏省自强模范"。

3. 刘斌

刘斌，徐州市特殊教育学校教师，听力残疾。1994年9月，刘斌以江苏省第一名的成绩考入由国家教委委托创办的南京市聋人普通高中班，成为徐州地区第一位聋人普通高中学生。

1998年7月，刘斌以优异的成绩考取长春大学工艺美术专业，是当年江苏省仅有的两个录取名额中的一个。2010年，刘斌以优异的成绩，和健全学生一起竞争，自学考取了江苏师范大学美术教育专业本科。这些年，刘斌所带的高中美术班培养了60多名聋人大学生。刘斌多次获得教育部全国中小学生书画比赛指导工作一等奖、市级论文一等奖，获得全国新技术课堂实录一等奖、市级青年教师基本功大赛二等奖，被评为学生最喜爱的老师、市优秀教育工作者、市优秀班主任。

4. 程铖

程铖，徐州市特殊教育学校教师，听力残疾。6岁时进入徐州市特殊教育中心学习，2007年3月入选中国残疾人艺术团，她舞姿优美，理解力强，表演丝丝入扣，很受大家的欢迎。在团长邰丽华的精心培养下，程铖成为大型经典舞蹈《千手观音》领舞之一。

2008年8月28日上午，在北京天坛残奥会圣火采集现场，由徐州市培养输送到中国残疾人艺术团的14岁聋人女演员程铖，与时任国务院总理温家宝、中国残疾人艺术团的手语主持人和残疾人运动员一起，圆满地完成了北京残奥会圣火采集任务。残奥会开幕式上，程铖和李妍随中国残疾人艺术团同台表演。她们在北京鸟巢向全世界表演精彩节目，展示徐州聋人姑娘的美好形象。

2014年中国亚太经济合作组织（APEC）会议文艺演出中，舞蹈《千手观音》受到了参加会议的各国政要的欢迎，领舞者正是程铖。

5. 李妍

李妍，徐州市特殊教育学校教师，听力残疾。曾是中国残疾人艺术团演员，舞蹈《千手观音》领舞者之一，多次受邀参演徐州市慈善晚会，2008年还参与北京残奥会闭幕式的演出。2008年被评为徐州市十大新闻人物。

2018年10月，李妍在南京赛区茶艺项目比赛中，打破了"茶不过江"的神话，取得了江苏省第二名的好成绩，并代表江苏省参加国家级赛事。

6. 刘承承

刘承承，听力残疾。2012年从徐州市特殊教育学校高中部毕业，被南京金陵科技学院录取。2018年以英语单科第一名及笔试总分第一名的优异成绩进入了江苏师范大学研究生复试，成为徐州市2018级手语播音主持专业第一个聋人研究生。

2019年7月，刘承承到法国参加了世界聋人青年夏令营，来自全世界49个国家的150余名聋人参加。该夏令营每四年召开一次。经学校推荐，中国残疾人联合会、中国聋人协会等筛选和审批，刘承承作为中国唯一的青年代表参加了本届夏令营。

7. 邵明浩

邵明浩，听力残疾。9岁开始在徐州市特教学校就读，现为郑州师范学院学生。邵明浩从小就热爱书法，师从西安著名书法家韦继宗、南京栖霞寺著名书法家释普通法师、河南省著名书法家吴泥墨、江苏省书协副主席魏建勋等。他现为徐州市书协会员，徐州市青年书协会员，徐州小艺慈善中心一对一帮扶学员，公益形象大使。

邵明浩10岁起研习楷书，曾多次参加全国、省、市及国际书法大赛，2012年5月，获第三届全国学生规范汉字书写大赛初中组软笔楷书金奖。多次成功举办个人书法展，受到教育部、徐州市慈善总会、徐州市残联、江苏省及徐州市领导及书法界前辈的肯定和关爱。

8. 杨蕾

杨蕾，听力残疾。徐州市首位入选残奥会的运动员。2003年10月，我校学生杨蕾、蒋群、郭冉冉等在参加全国第六届伤残人运动会4×100米及4×400米接力赛中获得金牌。2004年，杨蕾参加了第十二届雅典残奥会，一举拿下T60级100米第一名、200米第二名、跳远第一名、4×100米第一名及4×400米第一名的好成绩。多次参加江苏省残疾人运动会均取得优异的成绩，她的刻苦训练、顽强拼搏、团结友爱的精神，在学弟学妹中起到了表率作用。杨蕾现任江苏省仪征市聋人协会副主席。

第 六 章

交流与合作

徐州市特殊教育学校始终以开放的心态，关注国际特殊教育的发展，及时吸纳先进的特殊教育经验，与多个国家、多个学校进行了良好的交流与合作。进入21世纪以后，国际上的交流更加频繁，合作领域更加扩大。这些合作与交流，带来国际特殊教育前沿发展的最新信息，促进了学校向更高层次发展。

一、国际交流

我校高度重视合作交流工作，积极探索实践学校特色和国际化办学相融合的发展之路，教师和学生在国际化大背景办学中的主体地位得到强化，国际合作交流日趋活跃。建校以来，接待了来自美国、英国、法国、德国、日本、奥地利等国际友人的参观访问，接待了中国香港、中国澳门、中国台湾及北京、上海、山东、西藏、河南、安徽、湖北、云南等省、市、特别行政区特教学校同行的参观考察学习。

（一）中美千所学校携手示范校

中美"千校携手"项目是第五轮中美人文交流高层磋商联合成果，由国务院副总理刘延东与美国国务卿克里于2014年7月在北京正式宣布启动。该项目旨在遴选中美1000所具有一定交流基础的中小学校共同参与中美人文交流活动。为落实本轮中美人文交流高层磋商成果，进一步促进中美两国中小学校的交流与合作，根据教育部通知精神，全国有28个省、市、自治区共545所学校申请参加该项目，454所学校通过了评审。

中美"千校携手"项目是首个中方主导的合作交流项目，是中美人文交流机制的重要组成部分，对增进中美青少年相互了解和友谊、强化国际理解具有重要意义。在中美"千校携手"项目框架下，1000所学校缔结合作关系，以环境保护、绿色生活为主题，积极开展师生交流、课程科研合作、学生社团共建等活动。项目还将对各个学校进行资助，并进行中期评审，全国选出20所示范学校，在中美两国进行宣传推广。2016年10月20日，我校被教育部评为中美"千校携手"示范校，奖励资金10万元。

（二）江苏省视障教育研讨会暨中韩日盲人网球教学交流活动

2011年5月，江苏省视障教育研讨会暨中韩日盲人网球教学交流活动在我校召开。本次活动由江苏省教育厅、江苏省教育学会特殊教育专业委员会主办，徐州市教育局协办，徐州市特殊教育学校承办。

出席本次活动的领导有：教育部基础教育司特殊教育处处长谢敬仁，江苏省特殊教育专业委员会理事长程益基，江苏省特殊教育专业委员会副理事长、南京市盲人学校校长祁寿东，江苏省特殊教育专业委员会秘书长、南京特教学院科研处处长谈秀箐，南京特教学院科研处副处长宋春秋，徐州市教育局副局长李玉良，韩国视觉障碍人网球协会常务副会长金教成，韩国又石大学郑镇子教授，韩国国立首尔盲人学校校长李裕勳，日本盲人网球协会会长福田以及来自省内9所盲校的100位教师等。

谢敬仁在大会上发表讲话，指出要高度重视特殊教育，将其纳入法制轨道依法推进，切实改善残疾人教育状况，提高残疾人素质和平等参与社会生活的能力，是实践科学发展观和落实"以人为本"理念的具体要求，是各级政府、各有关部门义不容辞的责任，也是全社会应尽的义务。希望通过这次活动，扩大社会影响力，让全社会都来关心、支持特殊教育事业。

韩国国立首尔盲人学校校长李裕勳代表国际友人对我校的热情接待表示感谢，在介绍了国立首尔盲人学校的基本情况后，他表示希望以此次交流活动为契机，与徐州市特殊教育学校开展多方面的合作，以推动双方共同进步。

为此学校为活动精心准备了11节视障教育公开课；韩国专家朴桂淑、郑镇子分别开设了视障教育讲座——《视觉障碍学校的美术教科指导案》《韩国特殊教育最近动向和视觉障碍教育的教授适合化》；韩国友人金教成和日本友人福田与我校盲生进行盲人网球运动交流。与会嘉宾充分肯定了徐州市特教学校在视障教育教学研究方面取得的成绩。会上还进行了论文交流，我校共有5篇论文获奖。本次研讨会对加强江苏省与韩国、日本之间视障教育的国际交流，对提升江苏省视障专业化发展水平，优化盲教育课堂教学效果，推广盲人网球运动，起到了一个很好的推动作用。

（三）与韩国又石大学、韩国国立首尔盲人学校建立友好学校

2011年5月，徐州市特殊教育学校先后和韩国又石大学、国立首尔盲人学校、日本盲人网球协会举行了合作协议签字仪式。徐州市特殊教育学校校长裴洪光、韩国视觉障碍人网球协会常务副会长金教成、韩国又石大学郑镇子教授、韩国国立首尔盲人学校校长李裕勋、日本盲人网球协会会长福田分别代表各自学校、团体在合作协议书上签字。

（四）与韩国全北盲校结为友好学校

2012年6月，我校盲人网球队赴韩国交流访问，参加中日韩盲人网球友谊赛。交流期间，我校访问了韩国全北盲校，并与全北盲校举行友好学校签字仪式。

（五）与英国皮克特学校结为友好学校

2016年5月，英国皮克特学校校长贝弗利·欧文女士来学校考察交流，欧文女士对学校的办学理念和办学成就表示由衷的赞叹，并签订了建立友好学校协议。

（六）与美国俄勒冈州聋哑学校结为友好学校

2015年6月8日，在教育部、中国国际教育交流协会的主持和协调下，我校与美国俄勒冈州聋哑学校成功牵手，结为友好学校。俄勒冈州聋哑学校校长琼斯博士和我校通过电邮的方式成功通信，以"两校携手，热爱自然，绿色生活"为交流主题。结合学校实际，主要与美国俄勒冈州聋哑学校在环保教育方面深入交流，积极推进我校生态环境教育水平再上新台阶。

二、友好往来

建校以来特别是改革开放以后，在上级领导与教育主管部门的悉心指导和大力支持下，学校密切关注教育改革的发展趋势，加强了与国内外特殊教育学校的联系，吸引了国际友人和港澳台同行来校参观。我校师生也利用这个机会"走出去"，为国家赢得了荣誉。

1. 1994年3月，徐州市外办及德国友人到徐州市聋哑学校参观。

2. 1997年3月20日，日本国"利民"工程向铜山县聋哑学校提供援助的签字仪式在南京中日友好会馆举行，日本驻上海总领事馆代表，省市教育局、外办领导参加了签字仪式。根据协议，日本向我校提供70万元人民币的无偿援助。11月6日，日本驻上海总领事馆代表诹方一幸专程来学校参加日本国"利民"工程援助项目揭牌仪式，受到了全校师生的欢迎。

3. 1997年7月，江苏省特殊教育基本功大赛一等奖的获得者，徐州市聋哑学校教师靳军随江苏省特殊教育考察团赴加拿大布劳克大学进修学习。

4. 1998年11月，奥地利雷欧本市友好城市访问团来铜山县聋哑学校参观。徐州市与雷欧本市于1994年8月缔结为友好城市。

5. 1999年6月，香港峰力公司总经理甘炳基来学校参观，并给部分教师讲解助听器验配知识。

6. 1999年6月，爱德基金会社会部主任吴安安和美国、法国友人来校考察捐资落实情况。

7. 1999年11月25日至12月14日，铜山县聋哑学校校长王立法随江苏省特殊教育考察团到英国访问，考察了英国皇家聋人学校，参加了布列斯托尔大学、伯明翰大学的专题培训。

8. 2001年，江苏省外办邀请在江苏工作的180余位外籍文教专家到学校参观。

9. 2001年3月，亚太地区聋童教育委员会主席、香港英华渔人协会副主席、启音学校原校长鲍瑞美女士来学校参观考察。鲍瑞美在国内外有很高的声誉，终生从事聋童康复教育的实践与研究，为此走遍了世界各地，投入了毕生精力。

10. 2006年6月，德国医疗队专家一行八人来我校参观访问。

11. 2011年6月，我校排球队参加了在德国科隆举办的第五届聋人青少年体育比赛。比赛期间，我校专程去德国塞维安学校视障儿童早期干预中心参观学习。在约翰·约瑟夫·高那瓦尔德聋人学校，德国聋哑学校师生热烈欢迎中国同行的到访，双方校长相互赠送了礼物，德方校长西格里德·宝舒特详细介绍了学校情况。

12. 2011年7月，加拿大特教专家来校组织部分学生开展暑期夏令营活动。

13. 2012年12月1日，中国台湾著名吉他演奏家、上海音乐学院教授叶登民专程来徐，走进徐州市特殊教育学校，为盲童举办了一场公益吉他演出，并现场为61位盲童传授技艺。

14. 2018年11月，来自美国的本杰明·霍根，新加坡的萧恺洁、何铭汉三位国际漫画大师访问徐州市特殊教育学校，引导学生学习漫画。

15. 2019年2月，意大利甘浩望来到徐州市特殊教育学校，开展爱心支教活动，甘浩望多年来一直在祖国大陆帮助弱势群体，被大家称为"洋雷锋"。

16. 2019年7月，应台湾中华视障教育学会邀请，由徐州市特殊教育学校校长助理潘媛媛率团一行四人，于7月12日至16日赴台湾学校参观。潘媛媛一行参加了海峡两岸视障教育研讨会，7月15日又来到台北市启明学校参观、交流、学习，并与启明学校进行了深入交流。

三、国内交流

我校在切实加强校本培训的同时，采取"走出去，请进来"的做法，开展多方面、多形式的对外合作交流活动。让教师在开放的大格局中，打破自我封闭状态，开阔视野，比较借鉴，虚心汲取外地学校的特色、长处，提升自身的教育教学水准。

（一）淮海经济区特殊教育学校校长联谊会

2001年12月26日至28日，淮海经济区特殊教育学校校长联谊会成立大会在我校召开，来自淮海经济区13个地市的50余所学校领导参加了会议。会上选举王立法为理事长，裴洪光为秘书长。

2006年4月淮海经济区特教校长联谊会召开第二届理事会，徐州市特殊教育中心校长裴洪光当选为第二届理事会理事长。

2008年4月25日，"与新课程同行——探索课堂教学的有效性"教学研讨会在徐州市特教中心举行。此次活动由淮海经济区特殊教育学校校长联谊会筹划举办，我校优秀教师展示了盲聋4个学科，8节观摩课，共有苏、鲁、豫、皖68所学校及单位的140余人参加了交流活动。活动还邀请了特殊教育领域知名专家张宁生、赵锡安、左兆军等开设了精彩的理论讲座。

这次活动展示的观摩课充分运用了多媒体教学设备。我校先进的多媒体教学设备和教师对于多媒体授课方式技巧的熟练运用得到了观摩教师、专家及领导的充分肯定。同时授课教师听取了同行和专家们的很多意见与建议，对于老师们完善新课堂教学、提高教学水平有着巨大的促进作用。

本次交流活动既有优秀教师的现场示范，又有青年教师的积极参与；既有一线教师的经验交流，又有特教专家的理论指导，具有很强的针对性和实效性，达到了"互动、交流、培训、提高"的目的。

研讨交流活动的成功举行，充分展示了我校教师较高的业务水平和良好的基本素质，也必将对淮海经济区特殊教育教学工作上新台阶起到巨大的推动作用。

（二）淮海经济区特殊教育发展联盟

为进一步营造融合教育高质量发展氛围，增强推进融合教育的行动自觉和实践能力，2019年6月3日上午，由《现代特殊教育》杂志社、徐州市教育局联合主办，徐州市特殊教育学校承办的"新时期融合教育高质量发展研讨会暨淮海经济区特殊教育发展联盟成立大会"在徐州高级中学隆重召开。

出席本次大会的嘉宾有：中国教育学会副会长、国家督学、原教育部基础教育司司长李天顺，北京师范大学教育学部博士生导师邓猛教授，南京特殊教育师范学院特教学院院长、江苏省特殊教育指导中心办公室主任谈秀菁教授，江苏省教育厅基础教育处副处长殷雅竹，江苏教育报刊总社副总编辑赵建春，徐州市教育局局长石启红，徐州市残联理事长陈冠华，徐州市教育局副局长李运生，《现代特殊教育》杂志主编顾明珠，徐州市特殊教育学校校长李之刚以及来自特殊教育研究领域的专家学者、淮海经济区特殊教育联盟学校及全国其他地区普特学校的代表。

淮海经济区特殊教育发展联盟是淮海经济区特殊教育学校校长联谊会的继续，由徐州市特殊教育学校提议发起。深入持续开展特殊教育的跨区研究，汇聚区域推进融合教育高质量发展的强大合力，也是推进融合教育的新举措，致力于打造省际协同合作示范样板。开幕式上，徐州市特殊教育学校校长李之刚宣读了《淮海经济区特殊教育联盟成立宣言》。

（三）与拉萨市特殊教育学校建立友好关系

2008年8月，应西藏自治区拉萨市特殊教育学校邀请，徐州市教育局、徐州市特殊教育中心应邀去拉萨市特殊教育学校进行宣传、培训活动。中国特殊教育网站专门进行了两天的访谈、摄像，赵锡安为全校教师进行了聋人双语教育专题讲座。2010年，拉萨市特殊教育学校校长宁红兵一行三人到学校回访。

（四）对口支援

为深入贯彻落实党的十九大精神和习近平总书记在东西部扶贫协作座谈会、深度贫困地区脱贫攻坚座谈会上的重要讲话精神，落实《苏陕教育支援及职业教育合作协议》《苏陕教育支援及职业教育东西协作行动计划实施方案》，促进宝鸡市教育扶贫事业长足发展，徐州与宝鸡两市将建立长效机制、扶贫协作机制，开展扶贫计划，推进教育协作项目。特别是在"落实扶贫计划，推进教育协作项目"方面，将开展"捐赠设备，每年组织一期中职学校及中小学（幼儿园）校（园）长、中层干部挂职锻炼，采取交流互派的方式组织开展师资培训，建立涵盖高职、中职、高中、初中、小学、幼儿园、特殊教育等各个学段的全方位结对帮扶"等十二大类项目的教育合作。

2017年12月18日，徐州市对口支援宝鸡市教育合作签约暨捐赠仪式在宝鸡市渭滨区晁峪中学举行。会议签订了江苏省徐州市、陕西省宝鸡市教育支援及职业教育合作协议。

2018年1月，为观察落实江苏省徐州市、陕西省宝鸡市教育支援及职业教育合作协议精神，徐州市特殊教育学校与宝鸡市特殊教育学校结为"对口帮扶"学校，协议期为3年。

2018年4月11日至14日，我校前往宝鸡市进行课堂教学交流。此行我校共送课4节，分别由潘媛媛、邹冬梅、黄莉、卢影4位老师执教。

2018年11月23日至26日，为推进教育帮扶工作，进一步深入教学模式研讨，宝鸡市特教学校邀请徐州市特教学校校长李之刚及骨干教师团队一行九人开展教学研讨活动。徐州特校团队带来了张荣的听障职高美术、汪梦寒的视障小学数学、王蕾的听障小学语文3节教学展示课，紧紧围绕课程标准，根据学情和专业特点，将"学讲计划"中的"五学"与"五步"的教学行为充分展示，体现了徐州特校教师团队较高的职业素养、扎实的专业功底和认真的教研态度。宝鸡特校安排了听障语文课、视障数学课等公开课，作为半年来研究"学讲计划"的阶段性成果展示。

围绕课堂教学展示内容的交流研讨会上，王庆宝对宝鸡市特校的展示课进行了点评，并对教研成果在课堂中的运用给予了充分肯定，同时也提出了一些改进建议。随后平昌盛的《"学讲计划"的特教解读与应用——教与学方式的转变》专题讲座，对"学讲计划"中如何转变教师角色，实现"生进师退""学进教退"突出学生的主体地位，做了非常详细的阐述。

为进一步推进江苏、陕西两省的教育交流协作，按照《徐州市特殊教育学校对口帮扶宝鸡市特殊教育学校框架协议》安排，2019年4月8日至20日，宝鸡市特教学校与徐州市特教学校进行换岗交流活动。徐州特教学校教师苗云、袁海艳在换岗期间，分别担任听障六年级语文、五年级数学教学工作，积极参与宝鸡市特教学校"第一届校级教学能手"赛教课评课活动，深入课堂听课，参与教研组活动，她们从教师基本功、教学组织、精研教材、目标设定、学讲计划落实等方面和宝鸡市特教学校的教师进行了研讨交流，为双方提供了新的教学思考和教学方法参考。

换岗交流活动期间，宝鸡市特教学校教师付林荣、王亚丽分别赴徐州市特殊教育学校担任六年级语文、五年级数学的教学工作，她们通过听课、上课，深入学习了徐州市特殊教育学校先进的教育教学理念，并融入自己的教学之中。

四、创设品牌服务社会

随着社会主义市场经济体制不断完善和确立，我校改变了过去那种招生按计划、花钱靠国家的做法，大力发展第三产业，兴办经济实体，面向社会。在完成教育教学任务的同时，围绕学校特色及学生就业的需要在实践中不断进步，形成了自己独特的品牌。这些品牌在与国内外交往中起到了重要的作用。

（一）中国特殊教育网

中国特殊教育网创办于2000年5月。办网的宗旨是以辩证唯物主义和教育方针为指导，遵循理论联系实际的原则，探索各类特殊教育的规律，为我国特殊教育的发展和改革服务。中国特殊教育网每年的访问量都突破300余万次，成了我国内地最大、最权威的特教网。

中国特殊教育网具体的任务包括：对特殊教育进行基础理论研究和应用研究，以应用研究为主；对外国特殊教育和中国特殊教育进行研究，以中国特殊教育为主；对特殊教育历史和当前实践进行研究，以当前实践为主。

网站坚持每天更新图片新闻和校园动态，使学校发生的重要新闻第一时间在校园网上得到反映。每两周推荐一篇国内教育热点文章，推荐一篇校园重要新闻或评论，及时向校外网络推荐重要新闻，引导正确的舆论，吸收新的教学经验。

（二）徐州市残疾人广播艺术团

为加快徐州市残疾人事业发展，大力推进残疾人社会保障体系与服务体系建设，促进残疾人平等参与社会生活、共享改革发展成果，依据《江苏省残疾人事业"十二五"发展纲要》和《徐州市国民经济和社会发展第十二个五年规划纲要》，徐州市大力发展残疾人文体活动。各地开展文艺演出、体育比赛、书画摄影展、手工艺品展等多种形式的文化体育活动，繁荣和丰富了残疾人的文化生活。

2006年7月，徐州人民广播电台和徐州市特殊教育中心共同组建了徐州市残疾人广播艺术团，这是徐州市首家以"励志"为主题的特殊艺术团体。他们虽然身体有不同程度的残疾，却拥有特殊的艺术才华，他们用至臻、至善、至美的艺术作品，彰显民族文化和人性之美，奏响生命的最强音。

9月23日，艺术团在徐州市中山堂进行了首次公演，演出现场座无虚席，受到了社会各界的普遍好评。2007年底，徐州市特殊教育学校艺术团被评为唯一一个集体类"感动徐州十大新闻人物"。

从组建徐州市残疾人广播艺术团以来，先后有两位演员成为徐州残疾人形象大使，艺术团里的小演员程铖和李妍先后被中国残疾人艺术团录取。2009年艺术团的王先贺同学被选拔进入中国残疾人艺术团，至此，中国残疾人艺术团已有我校3位学生。2009年艺术团的节目《接力棒》分别在江苏省残疾人艺术会演和华东六省一市残疾人会演中获特等奖和优秀奖。2011年11月6日，我校学生程铖作为中国残疾人艺术团《千手观音》领舞之一随中国残疾人艺术团回到徐州，首次向家乡观众汇报演出。由程铖领舞的聋人舞蹈《千手观音》和其主演的精编舞剧《化蝶》、现代舞《神秘园》，博得了家乡观众的阵阵掌声。

程铖在加入中国残疾人艺术团3年多时间里，曾参加2008年北京残奥会和2010年上海世博会两大盛事的演出，多次随团出国演出。同程铖一样，由徐州市残疾人广播艺术团培养的李妍，2008年4月被中国残疾人艺术团录取，成为第二个进入该团的我校学生。依托徐州市残疾人广播艺术团，徐州打造出多个立意新颖、表演出色的精品节目，在省和国家级比赛中获奖。

徐州市残疾人广播艺术团的演员随国家领导人参加了2008年北京残奥会圣火采集仪式，还参加了北京残奥会开幕式演出。

徐州市残疾人广播艺术团是艺术百花园中绽放的一朵新蕾，他们力求有所发现、有所创新，打造出多个立意新颖、表演出色的精品节目，用至臻、至善、至美的艺术作品，彰显民族文化和人性之美，奏响生命的最强音，多次在省和国家级比赛中获奖，艺术团还被评为徐州市优秀民间组织，在江苏省群众文艺政府奖"五星工程"比赛中获得铜奖。教师刘琪编排的手语舞蹈《爱在天地间》在全国残疾人文艺大赛上获得金奖。

（三）徐州市健耳听力康复中心

20世纪90年代，随着聋教育的普及，聋童的康复教育工作得到重视，铜山县第二聋哑学校顺应形势，于1996年7月组建了铜山县第二聋哑学校听力康复中心。成立康复中心的目的是让聋童重获"新声"，配合语言康复训练，使孩子们达到聋而不哑。通过进行聋童早期康复训练，挽救家庭，造福聋童。

学校多方筹措资金，建立了听力检测室、耳膜制作室、助听器验配室、维修室、助听器评估室。配备了国际先进的听力检测设备美国GSI61、FP-40真耳分析仪、耳声发射设备。为了提高业务水平，学校多次安排中心人员前往中国聋儿康复中心和中国香港、广州、北京、上海等地相关单位及助听器厂家进行学习培训。

20多年来，中心员工一直致力于听力障碍儿童的专业服务。定期给孩子们检查听力，验配、维修、保养、调试助听器，为使家长更好地掌握助听器使用知识，帮助聋童通过使用助听器进行语言康复训练，定期举办家长培训，为他们答疑解惑，极大地提高了康复训练的教学质量。至今已有近2万名听力障碍儿童得到不同程度的康复，受到了家长和社会的好评。

为了回馈社会，更好地服务于淮海经济区的各特殊教育学校，中心也多次义务到各特殊教育学校开展宣传服务工作。多次为各校举办听力康复知识讲座，免费为学生检查听力，帮助各学校建立听力档案，建立康复部并指导他们开展康复训练工作。

应全国部分聋哑学校的要求，从1998年开始，康复中心邀请国内知名聋教育专家和有经验的一线教师共同编写了九年制聋哑学校实验教材《语文一课一练》《数学一课一练》及《聋校寒暑假作业练习》等辅导用书，通过加强对聋生的强化训练，提高他们的理解能力和适应社会的能力，教材的出版受到了家长、教师、学生的欢迎。

（四）徐州市特教综合服务部

徐州市特教服务部原为铜山县聋哑学校服务公司综合服务部，创建于2001年3月。其目的主要是服务好学校的教育教学，方便老师办公、学生学习，更好地服务社会，增加学校的知名度，创造一定的经济效益，对外经营收入用于发放职工工资和购买原材料，减少学校开支。

结合学校实际需要，开设有打字、复印、快速印刷，电脑培训，条幅、名片、胸卡、光盘刻录、写真喷绘、不锈钢牌、各种奖牌、锦旗、彩旗，精装各种书籍等业务。铜山县聋哑学校服务公司综合服务部，贡献于学校的发展之中，在兴旺时对学校有所支持，衰落时不给学校造成负担的前提下，自我调节、自我发展、自我约束、自担风险、自我积累，自己学习业务技术，为学校教育教学做出了贡献。

将聋哑学校服务公司综合服务部推向市场，在面临无资金、技术设备落后、地理位置欠佳时，员工紧紧抱成一团，凭着一股韧性、钻劲及完全融入的敬业之心，牢牢地占据着一席之地，与属地一半以上的部门建立了长期资料印刷关系，多次协助教育部门进行教学摄像、编辑整理资料盘，设计了广告样本、电脑效果图、校刊封面及录像点的多个影视片头等，获得了客户的一致好评。

根据全国聋哑学校的实际需要和要求，服务部邀请特殊教育专家学者编制了聋哑学校期末考试试卷和聋哑学校阶段性练习册，使用后受到了各地聋哑学校的欢迎。为解决聋人就业问题，服务部还吸收了两名聋生就业。

多年来，服务部的每一个成员兢兢业业地完成了学校领导交给的任务，尽心尽力服务于特殊教育事业，为学校的教育教学尽了自己的一份力量。

（五）益康堂盲人按摩中心

徐州市特殊教育学校为了解决本校盲人学生毕业后的就业问题，于2003年5月18日在徐州市西苑小区创办了益康堂盲人按摩中心，为学校盲部推拿专业的学生和社会上爱好按摩的盲人提供了学习、实践、就业的场所。

2008年5月，在本中心的指导和扶持下，由盲人自主创办了徐州市益康堂保健按摩培训基地。基地由徐州市残疾人联合会主管，徐州市民政局登记注册，是我校盲人保健按摩见习、实习基地，也是徐州市残联盲人按摩培训、就业社会化服务基地。培训基地自成立以来，先后被江苏省残疾人联合会授予"盲人保健按摩三星级单位""江苏省省级盲人保健按摩示范机构""江苏省残疾人就业先进单位"和"第十五届全国残疾人职业技能竞赛盲人保健按摩师项目集训基地"，被中国残联授予全国第五家"国家级盲人保健按摩规范化实训基地"。

在徐州市残联和学校的指导下，益康堂保健按摩培训基地进一步明确责任，明晰产权，优化服务设施，提高服务质量，设立了多家盲人按摩店，用于盲人按摩专业的毕业生和残联按摩培训结业的学员见习、实习和就业场所，形成了集盲人按摩培训、见习、实习、就业、按摩科研、创业孵化于一体的综合机构，承担了全市盲人保健按摩培训任务。益康堂培训基地秉承培训一名盲人、就业一名盲人、扶助一个家庭、稳定一方社会、就业帮扶、共奔小康的原则，12年来，共组织了盲人保健按摩师、盲人足疗师、盲人计算机系统操作工、盲人定向行走等各类培训和盲人按摩见习、实习2000多人次，培训了500多位合格的盲人按摩师，为盲人就业、创业发挥了重要作用。机构下设办公室、培训、考核、后勤部门，6个盲人保健按摩实习就业场所，实习就业场所总面积1000余平方米，按摩（足疗）床位180多个，在职员工80多人，其中，6名盲人具有医疗按摩士（师）资格，52名盲人具有保健按摩师资格。

本中心是徐州市乃至淮海经济区集培训、实操、实习、就业、指导就业和扶持创业于一体的综合机构，发挥了辐射示范作用，强有力地促进了全市盲人按摩事业的发展，增强了盲人朋友平等参与社会事务、共享社会改革发展成果的获得感。

第七章

徐州市特殊教育学校发展的作用

一、徐州特殊教育事业发展的原因

徐州特殊教育事业是从聋教育开始的，它起源于20世纪50年代的聋哑私塾，盲教育从20世纪90年代开始创建，历经70年的艰苦奋斗，现在，徐州市特殊教育学校已经发展成为基础设施先进、教育教学功能完备、区域性教育教学研究中心的现代化学校，在徐州市乃至淮海经济区处于领先地位。

（一）残疾人强烈的主观诉求

新中国成立前，聋哑人惨遭歧视，任人践踏，被称为"废物"。新中国成立初期，在党和政府的关心下，残疾人的觉悟有了明显提高，他们渴求自立自强，想通过提高文化知识来改变自己的命运，因此积极创办聋哑学校成为他们的强烈愿望。我校创始人郑斯立自己就是聋哑人，有着亲身体会，因此在创办学校的过程中，能够从学生自身情况出发，采取聋哑学生能够接受的教学方法进行因人施教，产生了较好的效果，为徐州聋教育的开展做出了巨大贡献。20世纪90年代，为解决盲童的上学问题，我校又设立了盲部，成为培养视力障碍儿童、青少年成长的摇篮。

随着社会的进步，残疾人的家庭和残疾学生本身觉悟得到提高，他们强烈地意识到学习文化知识可以弥补自身的缺陷，改变他们的生活条件，可以通过接受教育融入主流社会，与正常人交往更加方便，而学习到的文化知识和劳动技能能够适应新中国飞速发展的大好形势，为祖国建设贡献青春和力量。

（二）国家政策和地方政府的重视

新中国成立后，特殊教育成为我国国民教育体系中一个重要的组成部分，残疾人与健全人享受平等的教育权利，保障残疾人受教育的权利是人民政府义不容辞的责任。徐州市人民政府在办好教育的同时给予特殊教育事业大力支持和政策倾斜，在学校改制及拨款等方面都给予了帮助，满足了特殊教育的需求。

20世纪50年代，新中国把残疾儿童少年义务教育写进了宪法。1956年9月，徐州市教育局接管了私立聋哑学校，标志着这所聋哑学校由私立学校变为公立学校，特殊教育纳入了国家教育体系。体制的改变表明了政府对特殊教育的重视，是引导聋教育向纵深发展的重要举措。1976年7月，铜山县聋哑学校创办；1989年7月，铜山县第二聋哑学校创办。1995年9月，为解决徐州地区盲童的上学问题，徐州市教育局在徐州市聋哑学校建起了盲部。这些特殊教育学校的创立，大大缓解了盲童、聋童上学难的问题，解决了这些家庭的后顾之忧，受到了社会的好评。

徐州市政府还积极关注特殊学校的基础设施建设，多次拨款解决教学用房和场地建设，基础设施设备得以完备和改善。正是在政府的关心帮助下，徐州市聋哑学校得以四迁校址，铜山县聋哑学校解决了多年困扰的吃水问题，铜山县第二聋哑学校的基础设施得以加强，各学校办学规模不断扩大，学校面貌焕然一新。

二、特殊教育推动了残疾学生素质的提高

残疾学生在校缺乏社会教育，毕业后步入社会感到困惑，融入主流社会很困难。由于适应性差，有些难以享受平等权利，甚至被歧视。根据这种情况，学校开展了对高年级学生进行社会教育，使其走上社会后减少适应方面的困难。

（一）积极参加社会实践

社会实践是认识了解社会的途径之一。积极开展实践活动，使残疾学生在与普通学生的交往过程中，受到社会公德的影响和教育。我校利用节假日进行街头宣传，参加社会公益劳动。与普通学校建立联谊，参观工厂、福利院。鼓励学生大胆参与，克服自卑感，在潜移默化中融入社会，让他们在社

会实践中学到知识，培养社会公德意识。

根据残疾学生生理、心理特点，学校还改革教学方法，增加乡土教材，如在社会交往过程中发现，很多学生对于如何融入社会缺乏相应的知识和能力，所以在教学时加大交往与生活的练习，提高学生在社会生活中的实际应变能力。教师充分利用多媒体技术进行辅助教学，积极参与社会活动，提高了学生的交往能力。

（二）有利于残疾学生素质的提高

根据残疾学生实际进行相关教育，实现了教育与生产劳动相结合，有利于残疾学生素质的提升。学校开设的职业教育课程是针对残疾学生能够掌握的劳动技术，保证了他们能够在毕业后迅速实现就业，成为自食其力的新一代公民。徐州市聋哑学校开设的缝纫、编织，铜山县聋哑学校开设的木工、理发，铜山县第二聋哑学校开设的印刷、工艺制作、计算机，徐州市特殊教育学校开设的按摩、烹饪、烘焙等，都受到了学生和家长的欢迎。20世纪90年代，学校还创建了校办企业，为学校建设提供了资金和物质基础，在保证残疾学生就业的同时，也促进了当地经济的发展。

三、特殊教育提升了残疾学生自主生存的能力

建校70年来，学校为国家培养了大量的毕业生，他们分布在工厂、农村、学校，利用所学知识为社会做出了一定贡献，他们用事实证明，残疾学生同普通学生一样能取得成功。

（一）按年龄段逐步培训

学校始终把康复训练、就业培训放在与教育教学同等重要的地位。配备了专职的语训教师，对学龄前儿童进行语言康复训练。职业教育方面，注重残障学生职业定向教育，除部分学生进入职业高中及大学继续学习外，还根据残疾学生的特点和市场需求，开设了缝纫、烹饪、烘焙、计算机、推拿等专业，保证在完成九年制义务教育之后，学生能够拥有一技之长，能自食其力。许多学生离校后，在学校、社会各界的帮助下，自主创业当了老板，收入丰厚，生活幸福。目前，徐州市特殊职业技术教育卓有成效，毕业学生就业率达到100%。

（二）增强学生自信心

和普通学生一样，残疾学生也有人生的追求与欢乐，应该共享社会发展成果与喜悦。而这种分享将让更多学生鼓起信心与希望。教育教学的实践证明，要增加学生的底气和韧劲，让他们在生活中昂扬、激越、奋进；同时特殊教育工作者应具有善心、爱心和恒心，这是我们的理念。通过在学校的学习，残疾学生掌握了与社会交往沟通的能力，文化水平、身体素质、待人接物都有了明显的提高，对于融入主流社会有了信心和勇气。

（三）解决了家长的后顾之忧

21世纪，中国社会发展进入新时期，特殊教育迎来了大好时光。在关注弱势群体、构建和谐社会的思想指引下，全社会都在关心特殊教育，特殊教育学制开始向学前教育和职业教育及高等教育延伸，科学体系正日益完善。

长期以来，学校坚持"让学生背着一只书包进来，怀揣就业技术出去"的办学思想，施行因材施教、扬长避短的办学理念，以市场需求为导向，以地方经济特色为依托，以有知识、技能强、能就业为培养目标，合理发挥学生的特长，为学生融入社会做了有益的探索。70年来，这些毕业生在各自的行业遵纪守法、努力工作，受到社会好评。徐州市聋哑学校毕业生刘开山毕业后在徐州市拔丝厂工作，被评为"徐州市劳动模范"；铜山县聋哑学校毕业生王芙蓉、王芙桂姐妹毕业后办起了个体理发店，成为当地"理发状元"；我校的毕业生有的考上了大学，有的被选送到中国残疾人艺术团，有的当上了教师，每一位毕业生都得到最大限度的发展。

四、充分发挥中心学校的指导辐射作用

我校是徐州市特殊教育中心学校，具有各种优越条件，具有成为区域特殊教育"中心校"的天然优势。因此必须发挥好示范和辐射作用，带动区域内特殊教育的整体协调发展。

（一）组织全市性教育活动

学校配合开展全市特殊教育的重点及难点问题研究，整合研究力量，对特教课程、教材建设进行研讨，开展教学研究和政策研究，为教育行政部门提供特殊教育决策咨询做好服务，促进全市特殊教育的创新与发展。比如，加强特殊教育教师与随班就读资源教师的培训和指导，举办教师基本功比赛、优质课竞赛等活动，为特教教师的专业发展提供平台。

与此同时，加强对特殊教育学校的质量监控，定期或不定期检查备课、学生作业完成及批改情况，每年年底进行综合评价。我校拥有特殊教育特级教师、徐州市领军名师及中学高级教师多名，并承担了国家及省级的科研课题，标志着我校教育教学科研工作迈上了一个新台阶。

（二）统领全市融合教育工作

结合特殊教育提升计划，指导各县（市、区）特殊教育发展指导中心、乡镇随班就读指导中心、特殊教育学校及普通学校随班就读的教育教学、医教结合、送教上门、资源教室建设工作。同时探索融合教育的发展方向，指导特殊儿童的评估与康复训练，开展特殊儿童康复的社区与家长培训，开展特殊儿童幼小衔接的研究。

学校认真学习有关特殊教育提升计划文件精神，积极推进融合教育，建立了布局合理、学段衔接、普职融通、医教结合的特殊教育体系。充分挖掘潜力，提高学校招生能力，学校结合相关数据信息，加大了国家政策宣传及招生力度，配合教育行政部门对县（市、区）特殊教育学校及普通学校随班就读工作进行定期检查，加强指导。

五、办好特殊教育成为社会共识

随着徐州市科教兴市、教育优先发展战略的实施，各类教育都得到了长足发展。其中包括日益受到瞩目的特殊教育。作为地区社会文明与和谐程度的窗口和标志之一，特殊教育工作的意义已经远远超出了教育本身。

（一）保障残疾学生平等接受教育

坚持教育公平，是社会主义教育的本质体现和价值取向，是残疾儿童少年实现平等受教育权利与全面发展的要求和保障，也是联合国《2030年可持续发展议程》的重要目标。实现教育公平，确保每一个残疾学生不掉队，是我国教育和世界教育共同的目标追求。

大力发展特殊教育，能够保证教育起点的公平和公正。特殊教育发展程度是衡量社会文明进步的标志。近年来，在党和政府的关心与支持下，徐州市的特殊教育取得了前所未有的巨大成绩，以我校为例，加强多部门合作，通过多种方式，大力普及残疾儿童早期教育，巩固提高义务教育，普及以职业技术教育为主的高中阶段特殊教育，已经形成了较为完整的特殊教育体系。

（二）特殊教育是构建和谐社会的组成部分

大力发展特殊教育是建设和谐社会的重要组成部分。因此，特殊教育的发展问题不仅是特殊人群的教育问题，还是整个社会和谐发展的重要组成部分。所以说，缺少了特殊教育的发展，和谐社会必将成为空谈；构建和谐社会，离不开特殊教育的发展。发展特殊教育是中华民族优良传统的体现，如果忽视了这一点，就会违背中国传统人文精神。特殊教育是一项爱心工程，对促进社会和谐稳定具有不可替代的作用。

我校的发展成就得益于政府的科学规划、统筹推进。从政策上纳入义务教育的轨道，推动了特殊教育持续发展；从投入上坚持以政府投入为主渠道，努力改善学校的办学条件。多年来，各级党委政府、社会各界、慈善福利组织和教育部门对残疾人事业给予了亲切的关怀和大力支持。每年助残日之际，各级领导及社会各界的倾力相助，充分体现了全社会都来理解特殊教育事业，关心和帮助残疾人的良好道德风尚。

（三）特殊教育促进了合作交流活动的开展

20世纪90年代以来，学校陆续接待了10多个国家及地区的特殊教育访问团，并与多个国外特殊教育学校建立了友好学校关系；同时我校教师也走出国门学习先进的教育理念。我校聋人排球队、盲人网球队去德国、韩国参加比赛，为我校的发展提供了多渠道的教育途径，引进了世界先进的特殊教育理念和教学系统，为教师、学生提供了宽阔且国际化的教育平台。

为贯彻实施国家战略行动，配合国家重大活动的开展，特殊教育也贡献出了自己的绵薄之力。从20世纪80年代开始，我校承办了国际、国家、省、市的有关培训、比赛活动，根据部署，我校教师参与到援疆、援藏及支援西部地区的教育工作中，并与当地学校建立了结对关系，为他们出谋划策，贡献智慧，助其发展。

总之，离开特殊教育的发展，根本谈不上人的全面发展、社会的全面进步，更不要说和谐社会建设。在教育观念上，越来越多的人认识到特殊教育的重要性、必要性，认识到残疾人更需要关怀。所以，只有大力发展特殊教育，才能促进社会和谐发展。

附　　录

一、学校大事记

1950年

9月，聋人郑斯立、马文贞创办徐州市聋哑私塾，地址在徐州市户部山卢东一巷家中。

1953年

徐州市聋哑私塾在徐州市教育局备案后改名为徐州市私立新华聋哑小学。

1956年

9月，徐州市教育局正式接管徐州市私立新华聋哑小学，更名为徐州市聋哑学校，地址仍在徐州市户部山户东一巷。

1959年

1月，徐州市聋哑学校从徐州市户部山户东一巷迁至徐州市建国东路138号（原徐州市聋哑人协会旧址）。

1965年

徐州市聋哑学校从徐州市建国东路138号迁至徐州市北郊李窝村。

1967年

徐州市聋哑学校从徐州市北郊李窝村迁至徐州市淮海西路47号（原基督教堂）。

1972年

徐州市聋哑学校从徐州市淮海西路47号迁至徐州市南郊三官庙村。

1976年

8月，铜山聋哑学校在徐州东郊铜山县大庙乡开始筹建。

1977年

2月，铜山聋哑学校正式开学。

1982年

12月，江苏省特殊教育研究会第二届年会在徐州市聋哑学校召开。

1984年

2月，时任市委副书记廖文才到铜山聋哑学校看望教职工并向老师拜年，祝贺春节快乐。

6月，铜山聋哑学校运动员参加江苏省第一届伤残人运动会，获金牌4枚、银牌6枚、精神文明奖牌1枚，荣获团体总分第二名。9月，学校举行庆功大会，市体委、民政局、聋哑人协会、县教育局向大会表示祝贺，向运动员、教练员赠送礼品，江苏省电视台播放了新闻片。

9月（1983年徐州地市合并），徐州市人民政府发文决定将徐州市聋哑学校更名为徐州市第一聋哑学校，铜山聋哑学校更名为徐州市第二聋哑学校。1987年4月，徐州市教育局批准徐州市第一聋哑学校复名为徐州市聋哑学校，徐州市第二聋哑学校更名为铜山县聋哑学校。

10月，江苏省特殊教育学校职业技术成果展览会在南京举行，徐州市第一聋哑学校、徐州市第二聋哑学校均组织教师、学生制作的作品送展。

1985年

2月，徐州市委、市政府将徐州市第二聋哑学校评为"徐州市文明单位"。

1986年

1月，徐州市第二聋哑学校参加徐州市元旦环城长跑，组织聋人方队，30名运动员参加长跑竞赛。这是徐州市聋人第一次参加环城长跑活动。

1987年

9月，铜山县聋哑学校举行建校10周年庆祝活动，徐州市人民政府副市长肖树平、徐州市教育局领导专程来校参加庆祝活动。

1988年

1月，中国残疾人联合会筹备组副组长周敬东与筹备组其他领导视察徐州市聋哑学校。

5月，徐州市人大常委会主任吴伟俊、市政协副主席刘系伦等领导到徐州市聋哑学校看望师生并赠送礼品。

1989年

5月，市委副书记胡振龙、市政协副主席刘系伦以及市妇联、红十字会、市教委领导来徐州市聋哑学校看望聋哑儿童。

7月，铜山县人民政府批准在铜山县拾屯乡建立铜山县第二聋哑学校。

12月，铜山县聋哑学校被江苏省教委评为"江苏省德育先进学校"。

1990年

2月，江苏省教委副主任徐航、初教处程益基到徐州市聋哑学校视察。

5月，国家教委特教处处长赵永平来徐州市聋哑学校视察，江苏省教委初教处程益基、徐州市教育局副局长赵立伯陪同视察。

5月，安徽省宿州市聋哑学校、河南省商丘市聋哑学校教师来徐州市聋哑学校学习。

1991年

4月，铜山县聋哑学校师生编排的节目《聋童的心声》在徐州市彭城剧场公演，受到好评。

1994年

3月，国家教委基教司副司长李仲汉、全国特殊教育研究会秘书长李洪泰、江苏省教委初教处科长程益基到徐州市聋哑学校、铜山县第二聋哑学校视察，徐州市教育局副局长缪继伦陪同视察。

1995年

2月，由中国康复协会、华夏出版社、中国聋人协会、北京市聋人协会、辽宁省聋人协会、中央教科所、北京市第一聋人学校、北京市第四聋人学校等领导专家组成的中国手语国家标准研制组一行九人来徐州市聋哑学校、铜山县第二聋哑学校考察。

4月，武汉市第二聋哑学校领导到铜山县第二聋哑学校参观。

5月，徐州市聋哑学校举办助残日残建联谊会，徐州市人大常委会副主任许可、市政协副主席肖树平、市教育局局长周汝树等领导参加，并向学校捐款捐物。

7月，铜山县第二聋哑学校投资200余万元建起一座集学生宿舍、食堂、会议室、礼堂、律动教室于一体的大型现代化综合楼。

9月，徐州市聋哑学校盲童部正式开班。盲童部的开班填补了徐州市特殊教育缺少盲教育的空白。

10月，在徐州市特殊教育办学等级评估中，徐州市聋哑学校、铜山县第二聋哑学校被评为"徐州市优秀特教学校"。

1996年

7月，铜山县第一聋哑学校并入铜山县第二聋哑学校，始称铜山县聋哑学校。

12月，铜山县第二聋哑学校被省教委认定为"江苏省模范学校"。

12月，徐州市聋哑学校被评为"徐州市教育现代化窗口学校"。

1997年

3月，日本国利民工程向铜山县聋哑学校提供援助签字仪式在南京中日友好会馆举行，根据协议，日本方面向我校提供70万元人民币无偿援助。

4月，铜山县聋哑学校校办企业铜山教学仪器厂被江苏省教委评为"江苏省明星校办企业"。1997年校办企业产值及利润分别突破千万元和百万元大关。

11月，徐州市聋哑学校荣获"徐州市模范学校"称号。

12月，铜山县聋哑学校被省教委评为"江苏省教育先进集体"。

教育部原专职委员、国家副总督学郭福昌来学校指导工作。

1998年

4月，江苏省教师住房改革会议在徐州举行，省委副书记顾浩、副省长王珉及近百名与会代表到铜山县聋哑学校及教师公寓视察。

5月，市委副书记张建国、副市长庄华平、市人大常委会副主任朱继荣、市政协副主席孟庆华等四套班子领导到徐州市聋哑学校视察并慰问全校师生。

9月，新学期开学第一天，时任徐州市市长于广洲在市教委主任朱浩熙、党委书记赵立伯陪同下到徐州市聋哑学校视察，向全校师生表示慰问。

10月，铜山县聋哑学校顺利通过省教委组织的江苏省特殊教育现代化示范学校验收，成为全省首批"江苏省特殊教育现代化示范学校"。

11月，宁夏回族自治区教育督导团到铜山县聋哑学校参观考察。

1999年

4月，北京市东城区教委组织北京市第一聋人学校及该区10余名校长到铜山县聋哑学校参观，北京市第一聋人学校校长周晔为铜山县聋哑学校举办了语训讲座。

4月，《江苏教育报》、中央教育电视台、中央电视台新闻部等媒体到铜山县聋哑学校采访、拍摄新闻。

4月，上海市第四聋哑学校校长、著名特教专家季佩玉到铜山县聋哑学校举办专题讲座。

4月，镇江市特殊教育中心校长任建美一行四人到铜山县聋哑学校考察学习。

7月，全国聋哑学校律动教师培训班在铜山县聋哑学校举行。原国家教委特殊教育办公室主任周德茂、江苏省教委基教处程益基、徐州市教委主任朱浩熙、铜山县人民政府副县长郭成立、铜山县教育局局长高兴和等领导参加了开学典礼。

12月，铜山县聋哑学校被命名为江苏省第三届模范学校。

2000年

1月，徐州市聋哑学校和铜山县聋哑学校实行联合办学，采用"一套班子、两块牌子"的管理体制。

4月，全国特教研究会秘书长、北京市第一聋人学校校长李宏泰来学校参观。

5月，中国特殊教育网站在我校开通。

6月，全国律动教师培训班在徐州市特殊教育中心、铜山县聋哑学校举行，国家教委、江苏省教委、铜山县人民政府以及市县教育局相关领导出席开幕式。

6月，铜山县聋哑学校被评为江苏省中小学校党建工作先进集体，荣获"江苏省先进党支部"称号。

11月，江苏省聋哑学校第十三届体育教研活动在徐州市特教中心、铜山县聋哑学校举行，徐州市教委副主任张广焕、铜山县教育局局长高兴和出席开幕式，来自全省各聋哑学校体育教师30余人出席会议。

2001年

4月，在江苏省外事部门的组织下，在江苏省工作的160余位外籍文教专家来学校参观访问。

12月，淮海经济区特殊教育学校校长联谊会成立大会在我校举行。来自淮海经济区13个地市的50余所特殊教育学校的领导、教师参加了会议。

2002年

5月，学校被徐州市人民政府评为"九五"期间残疾人工作先进集体。

12月，教育部基础教育司特教处处长谢敬仁来我校指导工作。

2003年

3月，学校被教育部确立为全国信息技术实验聋哑学校。

3月，学校被评为"徐州市模范学校"。

7月，教育部基础教育司副司长李天顺来校参观。

7月，参加全省特教干部会议的领导来校参观。

2004年

3月，江苏省高邮市教育局及高邮市聋哑学校领导、教师来校参观。

3月，山东省滕州市聋儿康复中心领导、教师来校参观。

3月，北京市第三聋哑学校教师来校参观。

3月，安徽省亳州市聋哑学校教师一行十七人来校参观。

4月，学校被江苏省残联、省体育局评为"江苏省残疾人体育工作先进单位"。

5月，学校被评为"徐州市花园学校"。

6月，上海市聋人青年技术学校教师来校学习。

9月，宁夏回族自治区固原市特殊教育学校教师一行七人来校学习。

11月，山东省济南市特教中心同行来校参观学习。

2005年

3月，安徽省淮北市聋哑学校同行来我校参观学习。

3月，教育部陈晓娅副部长来徐州调研无差别教育工作到我校考察，徐州市委、市政府主要领导陪同视察。

5月，江苏省特殊教育专业委员会盲教育教研活动在我校举行。

7月，学校荣获"2005年全国聋人足球锦标赛体育运动风尚奖"。

11月，全国特殊教育资源库与发展培训会议在我校召开，来自全国50多所特殊教育学校的信息技术专业教师和信息技术实验聋哑学校校长共60多人参加了培训。

11月，河南省焦作市聋哑学校同行来校参观考察。

2006年

4月，江苏省常州市聋人学校同行来我校考察信息技术工作。

5月，山西省太原市政协领导来我校参观考察。

6月，由爱德基金会和徐州市特殊教育中心主办的徐州—山东Sig-Am双语聋教育研讨会在徐州举行。参加SigAm项目的山东费县、郯城、临沭、莒县、蒙阴等县（市）特殊教育学校和江苏省徐州市6所特殊教育学校，就各自学校项目开展方面的情况、经验、做法进行了交流，两位聋人老师上了手语故事观摩课。与会代表就双语实验中出现的一些热点问题进行了交流讨论，为项目的下一步开展起到了很好的推动作用。

8月，我校聋人足球队获全国比赛第八名，并荣获体育道德风尚奖。冯贺同学入选国家聋人男子足球训练队。

9月，江苏省宿迁市特教中心同行来我校参观，并听取了我校教师上的公开课。

9月，我校运动员代表徐州市参加江苏省第七届残运会，夺得团体总分第二名。

10月，江苏省教育厅基教处副处长徐泰来、徐州市教育局强国局长等领导来校视察，对我校的工作给予了充分肯定。

11月，《中国学校体育》杂志社、《中国教育报》记者来校采访。

12月，我校被评为"江苏省第六批绿色学校"。

2007年

4月，学校被评为"徐州市2003—2005年度模范学校"。

6月，由我校组建的徐州市残疾人广播艺术团被徐州市文明办、徐州市广播电视台评为"2006年感动徐州人物"，这是唯一的一个集体奖。

11月，西藏自治区拉萨市特殊教育学校、贵州省六盘水市特殊教育学校同行来校参观学习。

2008年

2月，我校被省教育厅、省环保厅评为创建省级"绿色学校"先进学校。在实现学校基本教育功能的基础上，以可持续发展思想为指导，在学校全面的日常管理工作中纳入有益于环境的管理措施，充分利用学校内外的一切资源和机会全面提高了师生环境素养。

4月，我校学生李妍、程铖被中国残疾人艺术团录取，并被任命为徐州市残疾人形象大使。

8月，北京残奥会圣火火种采集仪式在北京天坛祈年殿举行。我校学生程铖参加了仪式。

8月，我校4名学生宋永强、董凯、李妍、程铖参加了2008年残疾人奥运会开幕式演出。

2009年

5月，教育部、民政部、中国残联联合发布《关于表彰全国特殊教育先进单位的决定》，授予北京市盲人学校等106个单位"全国特殊教育先进单位"荣誉称号，江苏省仅有7所学校获此殊荣，徐州市特殊教育中心榜上有名。

11月，经徐州市教育局批准，我校加挂"徐州市残疾人业余体校"校牌。

11月，我校被徐州市慈善总会命名为徐州市首批慈善义工服务基地。

2010年

10月，我校承办的江苏省特殊教育专业委员会第九届年会在徐州举行。出席会议的有教育部特教处处长谢敬仁、江苏省教育厅常务副厅长胡金波、南京特教学院院长丁勇、江苏省教育学会常务副会长陆志平、江苏省特教专业委员会理事长程益基、徐州市政协副主席赵彭城、徐州市人民政府副秘书长刘宏伟、徐州市教育局局长强国、徐州市残联理事长周发启、徐州市慈善总会副会长张步尔等。

10月，徐州市特殊教育中心庆祝建校60周年庆典隆重举行，来自全国各地的400多名特教同行参加了庆典。教育部基础教育司特殊教育处处长谢敬仁致辞，江苏省教育厅常务副厅长胡金波发表重要讲话。胡金波、赵彭城为徐州市残疾人高级中学揭牌，谢敬仁、刘宏伟为徐州市残疾人业余体校揭牌，周发启、张步尔为徐州慈善轮椅乐团揭牌。

2011年

3月，首都女画家参观团及全国妇联领导来徐州市特殊教育学校开展"庆三八，献爱心"活动，她们将精美的画作捐赠给残疾儿童，表达了对特殊教育事业的关心和支持。

5月，江苏省视障教育年会及中日韩盲人网球教学交流活动在我校举办。教育部、江苏省教育厅、徐州市教育局领导谢敬仁、程益基、李玉良到会祝贺，韩国又石大学、首尔盲校的领导，江苏省9所盲校的教师，山东临沂、淄博、济宁、枣庄特校的教师参加了活动。学校与韩国又石大学、首尔盲校签订了友好学校协议书。

6月，受中国残联、江苏省残联委托，应德国聋人协会邀请，我校聋人排球队代表中国赴德国科隆参加世界聋人第五届运动会。

8月，美国商会联合徐州市特殊教育专业委员会在我校举办国际特殊教育教师培训班，来自美国以及我国台湾地区、香港特别行政区的特教专家主讲了国际前沿特殊教育理论。来自徐州、淮北、内蒙古等地的教师300余人参加了培训。

8月，特殊教育专家、原联合国教科文组织驻北京办事处行政官、美籍华人陈美银被聘为我校名誉校长。

9月，我校被教育部、中国残联命名为"全国特殊艺术人才培养基地"。

11月，我校盲人针灸推拿按摩专业、工艺美术专业被认定为江苏省中专职业教育合格专业。

2012年

1月，盐城市教育局、盐城市特教学校领导来我校参观学习。

1月，南通市特殊教育中心组织教师来我校进行班主任工作主题交流活动。

6月，我校盲人网球队赴韩国交流访问，参加中日韩盲人网球友谊赛。期间访问韩国全北盲校，并与全北盲校举行友好学校签字仪式。

9月，国务院表彰全国"两基"工作先进单位和先进个人，我校是受到表彰的"'两基'工作先进单位"中唯一一所特殊教育学校。

10月，南京特殊教育职业技术学院党委书记丁勇、福建省教育厅领导来校参观。

10月，连云港特教中心校长张永和及教师一行十人来我校参观学习。

11月，中国残联副主席吕世明及参加全国残联工作会议的代表来我校参观。

11月，青岛市中心聋哑学校一行十人来我校听课学习。

11月，我校摄制的《盲童》获得第四届中国中小学校园影视节暨第九届中国中小学校园影视金奖。

2013年

4月，我校残疾人培训基地被江苏省残联、省人保厅命名为江苏省残疾人职业技能培训基地。我校残疾人培训基地为提高我市残疾人职业技术水平，增强自身能力，拓宽残疾人就业渠道做出了突出成绩。

5月，全国人大常委会委员、内务司法委员会副主任委员陈秀榕带领全国人大调研组，在江苏省人大内务司法委员会主任委员刘成林、副主任委员陈梦娟陪同下，来我校调研未成年人保护法实施情况，徐州市副市长李燕陪同调研。

6月，徐州市机构编制委员会下发徐编办〔2013〕117号文件《关于徐州市特殊教育学校增挂"徐州市残疾人就业技能培训中心"牌子》的批复，同意徐州市特殊教育学校增挂"徐州市残疾人就业技能培训中心"牌子。技能培训中心的宗旨主要是为残疾少年儿童提供教育服务，业务范围包括盲聋哑少年儿童的学前康复教育，高中教育及职业技术教育，盲聋哑少年儿童义务教育，残疾人就业技能培训。

7月，我校盲人网球队受韩国视障人网球联盟邀请，参加在韩国首尔举办的中、韩、日视障人网球大会。

10月，我国台湾华科事业慈善基金会向学校捐赠20台助听器。

11月，新疆维吾尔自治区残联领导来校考察。

11月，原江苏省教育厅副巡视员、江苏省残联副理事长、江苏省学前教育学会会长张仁来徐州市特殊教育学校指导工作。张仁对江苏特殊教育事业一直十分关注，这次来徐州趁会议间隙到我校看望师生，调研徐州市特教学校的发展，重点了解了我校学前康复教育情况。

11月，我校电视专题片《爱的使命》获"全国校园影视评比金奖"。

12月，解放军总医院专家来校义诊。

2014年

1月，我校被环保部授予"国际生态学校"称号。通过开展丰富多彩的环境教育活动，努力在学校营造热爱自然、保护环境的良好氛围和风气，使残疾学生树立良好的环境道德观念和行为规范，促进残疾学生树立对地球、人类、资源的积极态度和可持续发展观念。

3月，我校被江苏省教育厅表彰为全省国际交流合作工作先进学校。学校立足于促进学生全面化、可持续化的国际化人才培养与发展，开展了多元化、立体化、讲实效、求创新的国际交流与合作，提升了我校国际化办学水平和国际影响力。

4月，河南省商水县特殊教育学校领导、老师来我校参观学习和听课交流。他们还参观了我校校史室、手语展示馆以及康复部、融合部、聋部部分功能室和教室。

2015年

3月，我校关工委被评为"首批关工委工作常态化建设合格单位"。

3月，在第十届校园电视比赛暨首届微电影比赛评比中，章新的"磁盘雕刻"获电视编导类一等奖，陈炜的"磁盘雕刻"获电视编辑类一等奖。

4月，徐州市残疾人文化体育协会第一次代表大会在我校召开。

4月，山西省晋中市特殊教育学校一行四人来我校参观学习。

5月，"为盲童读书——徐州广电'爱声音'公益诵读暨'五四'特殊团日活动"在我校举行。

8月，淮北师范大学领导及学生来我校参观考察。

9月，湖南益阳、江苏常州聋哑学校一行十七人来我校考察。

12月，我校被命名为"徐州市校园足球活动学校"。

2016年

5月，澳门社会服务专业培训暨赴江苏交流考察团一行四十余人来我校考察。

5月，纵彦芳同学在瑞典斯德哥尔摩青少年水奖中国地区选拔赛总决赛中荣获一等奖。

5月，中国听力医学发展基金会向我校捐赠橙色书包及文具487套，市领导参加捐赠仪式。

6月，中国残联原副主席、中国残疾人联合会原理事长汤小泉一行到我校考察。

9月，浙江省特殊教育指导中心及浙江省特殊教育学校校长等一行十八人来我校考察。

11月，美国AB人工耳蜗公司义务为我校聋童检测听力。

2017年

5月，徐州市特殊教育学校聋生朱梦受邀参加在瑞典斯德哥尔摩举行的世界青少年水奖比赛，荣获C水环境知识普及宣传类特等奖，是赛场上唯一的聋生参赛选手。

6月，徐州市政府教育督导团通过第三方教育评估机构，在全国范围内选聘特教专家，对徐州市特殊教育学校进行了为期两天的督导，并邀请全市特殊教育学校校长现场观摩。

11月，我校参加全国新技术支持下的个性化学习高峰研讨和应用成果展示活动，潘兰的展示课"团结就是力量"荣获一等奖，刘茹作为论文获奖代表在会上发言。

2018年

2月，中国残疾人福利基金会与中国盲文出版社密切合作，开展"我为盲童捐建阅览室——丽江市特殊教育学校、徐州市特殊教育学校、南通特殊教育中心项目"活动，捐赠每校10万元，配置盲文优秀读物、大字本优秀读物、有声读物、无障碍电影、阳光读屏软件、文星助视器等。

5月，常州市光华学校校长王静艳、书记杨书悦、副校长葛晓国等一行十人来我校参观学习。客人参观了校史室、聋儿康复部、融合幼儿园、七彩鹿自闭症康复中心、融合部、聋部等。

5月，浙江省绍兴市特殊教育学校一行十二人来我校进行聋哑学校新教材课堂教学交流活动。

11月，由国家体育总局体操运动管理中心主办的2018年全国啦啦操冠军赛在广东省深圳市龙岗区体育中心举行，我校师生参加全国啦啦操冠军赛，荣获成人组第一名。

2019年

1月，我校学生王新源获2018年度全国"最美中职生"称号，王新源担任班长、聋部学生会主席，学习成绩优异。

1月，我校通过环保部复审，被认定为"国际生态学校"。这是徐州市第一个获此荣誉的单位，也是全国第一个获此殊荣的特殊教育学校。

4月，徐州市特殊教育学校荣获"全国中小学节约型校园建设示范校"称号。

12月1日至5日，第四届全国残疾人排舞公开赛在扬州仪征举行。我校12名选手参加了三个项目的比赛，荣获2个特等奖和1个一等奖。同时，徐州市特殊教育学校参赛队以总分第三名的好成绩，从39支代表队中脱颖而出，以优异成绩、勤奋精神、团结面貌荣获优秀组织奖。

2020年

4月，徐州市特殊教育学校加入全国生态文明与环境教育发展联盟，成为该联盟理事单位。

5月，全国助残日前夕，徐州市委书记、市人大常委会主任周铁根来校慰问师生。

6月，我校接受徐州市教育局督导评估，来自丰县、邳州、云龙、鼓楼、泉山5所特殊教育学校的校长作为评估专家对学校进行了全面综合评估。

二、学校荣誉

（一）国家级表彰

时间	荣誉名称	级别
2009年4月	全国特殊教育先进单位	国家级
2010年12月	全国校园影视教育研究实验学校	国家级
2010年12月	全国特殊艺术人才培养基地	国家级
2011年11月	全国校园影视教育研究工作先进集体	国家级
2011年12月	全国特殊教育信息化先进单位	国家级
2012年5月	全国第四届规范汉字书写大赛先进单位	国家级
2012年9月	全国"两基"工作先进单位	国家级
2012年12月	国际生态学校	国家级
2014年3月	国家残疾人培训基地	国家级
2014年12月	全国环境教育示范学校	国家级
2015年12月	全国生态文明教育示范学校	国家级
2016年1月	全国中小学节约型校园建设示范学校	国家级
2017年11月	中国生态校园行动实验学校	国家级
2017年12月	全国环境教育百强学校	国家级
2018年12月	全国生态文明教育特色学校	国家级
2019年4月	全国中小学节约型校园建设示范学校	国家级

（二）省级表彰

时间	荣誉名称	级别
1989年12月	江苏省德育工作先进学校	省级
1997年2月	江苏省模范学校（1994—1996）	省级
1997年12月	江苏省教育先进单位	省级
1998年12月	江苏省特殊教育现代化示范学校	省级
1999年12月	江苏省模范学校（1997—1999）	省级
2000年12月	江苏省中小学校党建工作先进集体	省级
2003年12月	江苏省残疾人体育工作先进集体	省级
2006年12月	江苏省绿色学校	省级
2007年12月	江苏省"绿色学校"创建活动先进学校	省级
2009年12月	江苏省和谐校园	省级
2010年12月	江苏省健康促进单位（铜奖）	省级
2012年3月	江苏省绿色学校	省级
2013年2月	江苏省节水型学校	省级
2013年4月	江苏省省级残疾人职业培训示范基地	省级
2013年5月	江苏省"人人享有康复服务"工作先进集体	省级
2013年5月	江苏省平安校园（2012年度）	省级
2013年11月	江苏省文明单位（2010—2012）	省级
2013年12月	江苏省教育国际合作交流先进集体	省级
2016年9月	江苏省文明校园	省级
2016年12月	江苏省听力类残疾儿童康复人才实训基地	省级
2017年3月	江苏省健康单位	省级

（三）市级表彰

时间	荣誉名称	级别
1998年8月	徐州市文明学校（1996—1997）	市级
1998年9月	徐州市爱国卫生先进单位	市级
2000年1月	徐州市绿色学校	市级

时间	荣誉名称	级别
2002年3月	徐州市"九五"期间残疾人工作先进集体	市级
2002年5月	徐州市德育工作先进集体	市级
2004年3月	徐州市花园式学校	市级
2006年3月	徐州市模范学校（2003—2005）	市级
2007年12月	徐州市绿色学校	市级
2009年9月	徐州市和谐校园（2007—2009）	市级
2011年3月	徐州市新闻宣传工作先进集体	市级
2011年9月	徐州市十佳教育网站	市级
2011年12月	徐州市"十一五"扶残助残先进集体	市级
2012年12月	徐州市学生国防教育和军训工作先进集体	市级
2013年1月	徐州市青少年科学教育特色学校	市级
2013年2月	徐州市文明单位（2009—2011）	市级
2013年3月	徐州市无烟单位	市级
2013年3月	徐州市特殊教育先进集体	市级
2013年3月	徐州市学校体育工作先进集体	市级
2013年3月	徐州市教育宣传工作先进集体	市级
2013年5月	徐州市节约用水先进单位（2012年度）	市级
2013年9月	徐州市关心下一代先进集体	市级
2014年6月	徐州市第二批创建绿色学校活动先进集体	市级
2014年12月	徐州市学生资助工作先进集体	市级
2015年9月	徐州市青年教师培养先进单位（2014年度）	市级
2016年1月	徐州市关心下一代工作先进集体	市级
2016年12月	徐州市教育年鉴工作先进集体（2016年度）	市级
2016年12月	徐州市公益助残先进单位	市级
2017年9月	徐州市教育系统先进单位	市级
2018年9月	徐州市关心下一代工作先进集体	市级
2019年11月	徐州市首批市级教师发展示范基地校	市级

三、教职工荣誉

（一）国家级表彰

姓名	时间	获奖名称	颁奖单位
李秀云	1985年	全国特殊教育先进工作者	中国残疾人福利基金会
何巧云	1986年	全国特殊教育先进工作者	中国残疾人福利基金会
孙敏言	1986年	全国特殊教育先进工作者	中国残疾人福利基金会
赵锡安	1986年	全国特殊教育先进工作者	中国残疾人福利基金会
姜成义	1987年	全国特殊教育先进工作者	中国残疾人福利基金会
董超	1988年	全国特殊教育先进工作者	中国残疾人福利基金会
李治山	1989年	全国优秀教师	国家教委
王立法	1997年	全国特殊教育先进工作者	国家教委
王立法	2002年	全国劳动就业服务先进工作者	全国普教劳服公司研究会
赵美娟	2007年	全国残疾人体育先进工作者	中国残联、国家体育总局
裴洪光	2008年	全国优秀慈善工作者	民政部
刘淇	2008年	全国残疾人文艺大赛创作奖	中国残联
张一青	2011年	"交通银行特教园丁"奖	教育部、中国残联、交通银行
赵美娟	2018年	啦啦操优秀教练员	国家体育总局体操管理中心
赵美娟	2019年	残疾人工作先进个人	中国残联、国家体育总局
赵美娟	2019年	"交通银行特教园丁"奖	教育部、中国残联、交通银行

（二）省级表彰

姓名	时间	获奖名称	颁奖单位
孙敏言	1986年	江苏省劳动模范	江苏省人民政府
赵锡安	1990年	江苏省特级教师	江苏省人民政府
况延筹	1990年	江苏省残疾人之友	江苏省残联
况延筹	1991年	江苏省勤工俭学先进工作者	江苏省教委
夏凤琴	1993年	江苏省特殊教育先进工作者	江苏省教委
王立法	1995年	"红杉树"园丁奖银奖	江苏省教委

姓名	时间	获奖名称	颁奖单位
靳 军	1996年	省特教青年教师 基本功大赛一等奖	江苏省教委
王立法	1997年	江苏省优秀校办企业家	江苏省教委
鲍红安	1997年	江苏省特殊教育先进工作者	江苏省教委
杨香萍	1997年	江苏省特殊教育先进工作者	江苏省教委
庄 玉	1997年	江苏省优秀班主任	江苏省教委
韩耸立	1997年	江苏省优秀班主任	江苏省教委
周长城	1999年	江苏省未成年人保护优秀公民	江苏省政府、江苏省统战部
鲍红安	1999年	省特教青年教师 基本功大赛一等奖	江苏省教委
周长城	1999年	江苏省未成年人保护优秀公民	江苏省人民政府
鲍红安	2001年	省特殊教育学科带头人	江苏省教育厅
靳 军	2001年	省特殊教育学科带头人	江苏省教育厅
王立法	2001年	省残疾人工作先进个人	江苏省政府残工委
郑 权	2004年	省中小学骨干教师培训先进个人	江苏省教育厅
刘 淇	2008年	省残疾人文艺大赛创造奖	江苏省残联
赵美娟	2009年	省裁判道德风尚奖	江苏省体育局
李之刚	2010年	省课程改革先进个人	江苏省教育厅
李之刚	2011年	"全国白内障无障碍省" 工作先进个人	江苏省政府残工委
裴洪光	2012年	省绿色学校创建工作先进个人	江苏省教育厅、环保厅
张一青	2013年	江苏省第二届师德先进个人	江苏省教育厅
裴洪光	2014年	省"333"工程 第三层次培养对象	江苏省委、省政府
郑 权	2014年	江苏省特级教师	江苏省人民政府
徐 芳	2014年	江苏省特殊教育教学 基本功一等奖	江苏省教育厅
赵美娟	2015年	最美特教教师提名奖	感动江苏教育人物评委会
赵美娟	2016年	优秀教育工作者	江苏省教育厅

（三）市县级表彰

姓名	时间	获奖名称	颁奖单位
杨香萍	1975年	徐州市科技先进工作者	徐州市科协
厉爱华	1976年	徐州市优秀教师	徐州市人民政府
石振玉	1978年	徐州市为人师表先进工作者	徐州市人民政府
朱金环	1981年	徐州市少儿工作先进工作者	徐州市人民政府
何巧云	1984年	徐州市优秀教育工作者	徐州市教育局
何巧云	1987年	徐州市优秀党员	徐州市教委党委
赵书华	1987年	徐州市优秀教育工作者	徐州市教委
胡书龙	1988年	徐州市优秀教练	徐州市残联
丁兆吉	1988年	徐州市优秀党员	徐州市教委党委
董 超	1988年	徐州市优秀青年教师	徐州市教委
丁兆吉	1989年	徐州市优秀教育工作者	徐州市教委
翟广龙	1989年	徐州市优秀教育工作者	徐州市教委
丁兆吉	1989年	徐州市优秀党员	徐州市教委党委
周长城	1989年	徐州市优秀辅导员	徐州市团市委
邢传龙	1989年	徐州市优秀班主任	徐州市教委、人事局
朱金环	1990年	徐州市优秀党员	徐州市教委党委
郭继章	1990年	徐州市优秀党员	徐州市教委党委
孙秀芳	1990年	徐州市先进工作者	徐州市教委
王立法	1990年	徐州市先进工作者	徐州市人民政府
张 红	1990年	徐州市优秀班主任	徐州市教委
郭继章	1991年	徐州市先进工作者	徐州市教委
刘同帮	1991年	徐州市先进工作者	徐州市教委
徐美莲	1991年	徐州市先进工作者	徐州市教委
李建淑	1991年	徐州市先进工作者	徐州市教委
吴继平	1991年	徐州市先进工作者	徐州市教委
丁兆吉	1991年	徐州市先进工作者	徐州市教委
李广华	1991年	徐州市先进工作者	徐州市教委

续 表

姓名	时间	获奖名称	颁奖单位
王绪成	1991年	徐州市优秀班主任	徐州市教委
王绪成	1991年	徐州市优秀青年教师	徐州市教委
邢传龙	1991年	徐州市优秀青年教师	徐州市教委
裴洪光	1991年	铜山县优秀教育工作者	铜山县人民政府
孙秀芳	1992年	徐州市优秀班主任	徐州市教委
杨香萍	1993年	徐州市优秀班主任	徐州市教委
朱金环	1993年	徐州市优秀教育工作者	徐州市教委
朱随新	1993年	徐州市优秀教育工作者	徐州市教委
裴洪光	1993年	铜山县优秀班主任	铜山县人民政府
李之刚	1993年	铜山县优秀共青团员	共青团铜山县委
赵书华	1993年	徐州市优秀教育工作者	徐州市教委
周长城	1994年	徐州市"奉献杯"先进个人	徐州市总工会
王立法	1994年	徐州市勤工俭学先进工作者	徐州市教委
邢传龙	1994年	徐州市优秀青年教师	徐州市教委
邢传龙	1994年	徐州市优秀工会工作者	徐州市总工会
庄 玉	1994年	徐州市优秀共青团员	徐州市教委团委
赵书华	1995年	徐州市优秀教育工作者	徐州市教委
王冠淑	1995年	徐州市优秀特教工作者	徐州市教委
杨香萍	1995年	徐州市优秀教育工作者	徐州市教委
张美贞	1995年	徐州市优秀教育工作者	徐州市教委
朱金环	1995年	徐州市优秀党员	徐州市教委党委
李之刚	1995年	铜山县优秀教育工作者	铜山县人民政府
李之刚	1995年	铜山县优秀班主任	铜山县人民政府
郭继章	1995年	徐州市优秀党员	徐州市教委党委
赵书华	1995年	徐州市优秀教育工作者	徐州市教育局、人事局
周长城	1996年	徐州市"新长征突击手"	徐州市团市委
靳 军	1996年	徐州市优秀骨干教师	徐州市教委
王立法	1996年	铜山县优秀党员	铜山县县委

姓名	时间	获奖名称	颁奖单位
裴洪光	1996年	铜山县优秀党员	铜山县县委
邢传龙	1996年	徐州市工会先进个人	徐州市总工会
孙秀芳	1996年	徐州市优秀教育工作者	徐州市人民政府
李秀云	1996年	徐州市"双拥"工作先进个人	徐州市人民政府
朱随新	1996年	徐州市优秀党员	徐州市教委党委
李之刚	1996年	"新长征突击手"	共青团铜山县委
王庆宝	1996年	市特殊教育青年教师基本功一等奖	徐州市教委
韩耸立	1996年	市特殊教育青年教师基本功一等奖	徐州市教委
平昌盛	1996年	市特殊教育青年教师基本功一等奖	徐州市教委
潘 莉	1996年	市特殊教育青年教师基本功一等奖	徐州市教委
庄 玉	1997年	徐州市优秀共青团员	徐州市教委团委
李之刚	1997年	徐州市师德先进工作者	徐州市教委
钦邵岭	1997年	徐州市知识竞赛一等奖	徐州市委宣传部
连广琴	1997年	徐州市优秀党员	徐州市教委党委
周长城	1997年	徐州市关心下一代先进个人	徐州市教委
周长城	1997年	徐州市学雷锋先进个人	徐州市团市委
赵宾阶	1997年	铜山县优秀党员	铜山县县委
赵武杰	1997年	铜山县优秀党员	铜山县县委
张文豹	1997年	铜山县优秀党员	铜山县县委
李之刚	1997年	徐州市师德优秀教育工作者	徐州市教育局、人事局
王立法	1997年	徐州市名校长	徐州市教育局
王 珊	1997年	徐州市师德优秀教育工作者	徐州市教育局、人事局
裴洪光	1998年	铜山县优秀党员	铜山县县委
徐淑平	1998年	铜山县优秀党员	铜山县县委
张美贞	1998年	徐州市优秀党员	徐州市教委党委

姓名	时间	获奖名称	颁奖单位
朱随新	1998年	徐州市优秀党员	徐州市教委党委
孙秀芳	1998年	徐州市学科优秀教师	徐州市教委
靳　军	1998年	徐州市青年教学能手	徐州市教委
王　敏	1998年	徐州市青年教学能手	徐州市教委
王冠淑	1998年	徐州市优秀教育工作者	徐州市人民政府
张永和	1998年	徐州市"双基"工作先进个人	徐州市人民政府
王立法	1999年	徐州市名校长	徐州市教委
袁宝书	1999年	徐州市劳动模范	徐州市人民政府
李建淑	1999年	徐州市优秀班主任	徐州市教委
赵　杰	1999年	市特殊教育青年教师基本功一等奖	徐州市教委
孟　静	1999年	市特殊教育青年教师基本功一等奖	徐州市教委
王玉红	1999年	市特殊教育青年教师基本功一等奖	徐州市教委
刘　莉	1999年	市特殊教育青年教师基本功一等奖	徐州市教委
凌　峰	1999年	市特殊教育青年教师基本功一等奖	徐州市教委
刘　琪	1999年	市特殊教育青年教师基本功一等奖	徐州市教委
崔炳臣	1999年	铜山县优秀党员	铜山县县委
裴洪光	1999年	铜山县优秀党员	铜山县县委
李维斯	1999年	铜山县优秀党员	铜山县县委
张夫盛	2000年	铜山县优秀党员	铜山县县委
李之刚	2001年	徐州市优秀教育工作者	徐州市教育局、人事局
裴洪光	2001年	徐州市先进师德工作者	徐州市教育局
王立法	2002年	徐州市优秀共产党员	徐州市委
赵美娟	2002年	徐州市优秀教练员	徐州市残联

姓名	时间	获奖名称	颁奖单位
潘 兰	2002年	市特殊教育青年教师基本功一等奖	徐州市教育局
张 飞	2002年	市特殊教育青年教师基本功一等奖	徐州市教育局
李 彦	2002年	市特殊教育青年教师基本功一等奖	徐州市教育局
赵美娟	2004年	徐州市优秀教练员	徐州市残联
靳 军	2004年	徐州市优秀教育工作者	徐州市教育局、人事局
平昌盛	2004年	徐州市优秀教育工作者	徐州市教育局、人事局
王淑香	2004年	徐州市优秀教练员	徐州市残联
周长城	2005年	徐州市"双拥"工作先进个人	徐州市双拥办、市民政局
周长城	2005年	徐州市优秀特教工作者	徐州市教育局
程 奇	2005年	市特殊教育青年教师基本功一等奖	徐州市教育局
潘 兰	2005年	市特殊教育青年教师基本功一等奖	徐州市教育局
佟 丽	2005年	市特殊教育青年教师基本功一等奖	徐州市教育局
张 飞	2005年	市特殊教育青年教师基本功一等奖	徐州市教育局
平昌盛	2005年	市特殊教育青年教师基本功一等奖	徐州市教育局
赵美娟	2006年	徐州市体育学科带头人	徐州市教育局
周长城	2006年	徐州市关心下一代工作先进个人	徐州市关工委
王庆宝	2006年	徐州市优秀共产党员	徐州市教工委、教育局党委
白 雪	2006年	徐州市特殊教育学科带头人	徐州市教育局
李之刚	2006年	优秀共产党员	铜山县教育局
裴洪光	2008年	徐州市优秀党务工作者	徐州市教工委、教育局党委
陈 超	2008年	徐州市优秀共青团员	徐州市教育局团委
张吉峰	2008年	徐州市安全工作先进个人	徐州市教育局

续　表

姓名	时间	获奖名称	颁奖单位
佟　丽	2008年	市特殊教育青年教师 基本功一等奖	徐州市教育局
张　飞	2008年	"校校有网站　人人有主页" 先进个人	徐州市教育局
张　飞	2008年	市特殊教育青年教师 基本功一等奖	徐州市教育局
张文豹	2008年	徐州市优秀教育工作者	徐州市教育局
佟　丽	2009年	徐州市优秀共青团员	徐州市教育局团委
赵美娟	2009年	徐州市工会工作先进个人	徐州市教育局
裴洪光	2009年	徐州市名校长	徐州市教育局
裴洪光	2009年	徐州市优秀教育工作者	徐州市教育局
周长城	2009年	徐州市百佳服务标兵	徐州市宣传部、文明办
白　雪	2009年	徐州市优秀团干部	徐州市教育局团委
郑　权	2009年	徐州市教育信息化先进工作者	徐州市教育局
刘　淇	2009年	徐州市"巾帼建功"先进个人	徐州市妇联
赵美娟	2010年	优秀共产党员	徐州市委教育工委
赵美娟	2010年	优秀教练员	徐州市教育局、体育局
裴洪光	2010年	徐州市第五批拔尖人才	徐州市委、市政府
张吉峰	2010年	徐州市优秀党务工作者	徐州市教育局党委
刘　琪	2010年	徐州市十佳文明职工	徐州市总工会
刘　琪	2010年	徐州市"五一劳动奖章"	徐州市人民政府
赵美娟	2011年	优秀共产党员	徐州市委教育工委
李之刚	2011年	支持少先队工作的好校长	徐州市团市委、教育局
周长城	2011年	优秀慈善工作者	徐州市人民政府
张文豹	2011年	徐州市"五五" 普法工作先进个人	徐州市教育局
赵美娟	2012年	徐州市三八红旗手	徐州市妇联
李维斯	2012年	徐州市优秀共产党员	徐州市教工委、教育局党委
韩耸立	2012年	徐州市"争优创先"先进个人	徐州市教育局

徐州市特殊教育学校建校70年

传承·探索·创新：

姓名	时间	获奖名称	颁奖单位
郑 权	2012年	徐州市优秀教师	徐州市教育局
佟桂玲	2012年	徐州市优秀教师	徐州市教育局
陈 云	2012年	徐州市特殊教育先进工作者	徐州市教育局
李振民	2012年	徐州市特殊教育先进工作者	徐州市教育局
吴世科	2012年	徐州市特殊教育先进工作者	徐州市教育局
王庆宝	2012年	徐州市特殊教育先进工作者	徐州市教育局
韩耸立	2012年	徐州市特殊教育先进工作者	徐州市教育局
裴洪光	2013年	徐州市劳动模范	徐州市人民政府
裴洪光	2013年	"感动徐州"教育人物	徐州市教育局、市文明办
赵美娟	2013年	体育工作先进个人	徐州市教育局
赵美娟	2013年	徐州市学科带头人	徐州市教育局
鲍红安	2013年	市基础教育课程改革先进工作者	徐州市教育局
郑 权	2014年	徐州市优秀专家	徐州市委、市政府
裴洪光	2014年	徐州市第七批拔尖人才	徐州市委、市政府
李之刚	2014年	优秀慈善工作者	徐州市人民政府
李之刚	2014年	徐州市教育系统优秀共产党员	徐州市教工委、教育局党委
郑 权	2014年	市"领航杯"信息技术应用技能一等奖	徐州市教育局
陈 炜	2014年	市"领航杯"信息技术应用技能一等奖	徐州市教育局
李维斯	2014年	徐州市优秀教育工作者	徐州市教育局
鲍红安	2015年	徐州市优秀教育工作者	徐州市教育局
徐 芳	2015年	徐州市青年学科带头人	徐州市教育局
王 伟	2015年	徐州市教学能手	徐州市教育局
赵美娟	2017年	徐州市领军名师	徐州市教育局
李之刚	2017年	支持共青团工作的好校长	徐州市团市委、教育局
潘媛媛	2017年	徐州市师德先进个人	徐州市教育局
陈学薇	2018年	徐州市班主任基本功大赛一等奖	徐州市教育局

姓名	时间	获奖名称	颁奖单位
白 雪	2018年	徐州市直属学校"心中的恩师"	徐州市教育局
王 伟	2018年	徐州市直属学校"心中的恩师"	徐州市教育局
卞海峰	2018年	徐州市直属学校"心中的恩师"	徐州市教育局
刘 茹	2018年	徐州市直属学校"心中的恩师"	徐州市教育局
王淑艳	2018年	徐州市直属学校"心中的恩师"	徐州市教育局
朱树林	2018年	徐州市教育年鉴先进个人	徐州市教育局
赵美娟	2019年	徐州市优秀女教师	徐州市教育局

四、教师论文

（一）发表论文

姓名	题目	杂志名称
王绪成	《在无声世界里探索》	《江苏教育》1991年第4期
赵锡安 王绪成	《聋童的家庭问题》	《特殊教育研究》1993年第2期
王立法	《加强师资建设是创建现代化特教学校的主体工程》	《现代特殊教育》1999年第3期
裴洪光	《生情·悟情·动情——浅谈聋校课堂的情感教育》	《现代特殊教育》2009年第1期
李之刚	《美育在聋校古诗词教学中的渗透》	《现代特殊教育》2009年第9期
李之刚	《聋校语文教学问题分析及对策》	《徐州师范大学学报（教育科学版）》2010年第3期
李之刚	《苏北聋教育信息化现状调查分析》	《中国教育技术装备》2009年第12期
李之刚	《论聋儿学前融合教育对资源教师的素质要求》	《江苏师范大学学报（教育科学版）》2013年第S3期
李之刚	《践行环保教育，收获完美人生》	《华声教育》2018年第9期
李之刚 王庆宝	《反向融合：听障儿童与普通儿童融合教育之路探索》	《现代特殊教育》2016年第10期

传承·探索·创新：徐州市特殊教育学校建校70年

姓名	题目	杂志名称
王 娟 李 维 刘 鑫 李之刚	《故事呈现方式对5～8岁聋童故事复述的影响》	《中国特殊教育》2013年第3期
王玉红	《学前融合教育中聋幼儿抗挫折能力培养初探》	《科学大众》2013年第10期
王玉红	《分析如何提高聋校小学阶段聋生的写句与阅读能力》	《新课程》2015年第7期
王玉红	《如何提高聋校小学阶段聋生的写句与阅读能力》	《新课程学习（中）》2012年第9期
鲍红安	《要重视聋生心理健康教育》	《现代特殊教育》2000年第6期
鲍红安	《耳聋儿童与普通儿童融合教育实践研究设计论证报告》	《南京特教学院学报》2007年第1期
鲍红安	《教育融合背景下的教师发展与培训》	《南京特教学院学报》2013年第3期
鲍红安	《新课程背景下聋校教学的思考》	《现代特殊教育》2013年第1期
鲍红安	《追寻聋校语文教学的本真》	《现代特殊教育》2015年第5期
鲍红安	《聋校写作教学剖析与教学建议》	《课外语文》2014年第10期
鲍红安	《聋校识字、写字教学剖析与教学建议》	《文教资料》2014年第19期
沈玉林 鲍红安	《探索融合之路——江苏省铜山聋校开展融合教育的报告》	《现代特殊教育》2007年第2期
魏秀娟	《有效开展聋童词汇教学探析》	《吉林教育》2014年第26期
魏秀娟	《听障学生常见病句原因试析及矫正对策》	《新课程（上）》2013年第8期
刘 斌	《聋校经典教育的实施策略》	《现代特殊教育》2017年第5期
孙秀芳	《听力残疾学生能力分类教学初探》	《南京特师学报》1996年第1期
王兆永	《聋生毕业生就业调查》	《南京特师学报》1997年第4期
张 荣	《感知·理解·创作——徐州汉画像石在聋校美术教育中的运用》	《现代特殊教育》2012年第2期
潘 兰	《一年级盲生计算错误的原因及分析》	《现代特殊教育》2006年第10期
佟 丽	《盲校语文教学中口语表达能力的培养策略》	《科学大众（科学教育）》2018年第9期
张 飞	《聋人学校信息技术课堂微课教学探究》	《内蒙古教育》2015年第12期

姓名	题目	杂志名称
张　飞	《浅谈信息技术与学科课程的主动整合》	《快乐阅读》2015年第24期
张　飞	《中小学信息技术教学中容易忽视的问题探讨》	《内蒙古教育（职教版）》2015年第12期
杨根生	《浅析"学讲方式"下的聋健融合体育新课堂》	《当代体育科技》2015年第30期
朱卫东赵美娟	《徐州地区聋哑学生身高、体重偏低的致因与对策研究》	《南京体育学院学报（自然科学版）》2010年第3期
赵美娟朱卫东	《盲、聋融合的体育课堂教学新模式实验报告》	《现代特殊教育》2010年第10期
赵美娟	《浅谈盲人网球教学设施和练习方法优化》	《现代特殊教育》2017年第21期
赵美娟	《实施伙伴互助，构建高效融合体育课堂》	《现代特殊教育》2019年第19期
赵美娟	《只因有你、你、你，我才成了天使》	《当代体育科技》2015年第23期
赵美娟	《特奥运动教练队伍现状分析及培养初探》	《当代体育科技》2012年第23期
赵美娟	《〈七彩绳〉体育教学课例分析》	《现代特殊教育》2014年第12期
赵美娟	《转变学习方式促进聋生发展》	《中国教师》2017年第S1期
赵美娟	《运用普校标准测试促进聋生健康发展》	《科学大众》2019年第4期
赵美娟	《运动简笔画在自主学习中的运用与反思》	《科学大众（科学教育）》2013年第11期
赵美娟	《走出孤独　寻找快乐——问题学生转化个案分析》	《科学大众（科学教育）》2011年第10期
潘媛媛	《变数学"复习"为"演习"》	《华夏教师》2017年第11期
潘媛媛	《浅谈手语在聋校低年级数学课堂中的妙用》	《科学大众（科学教育）》2017年第7期
潘媛媛	《小学数学概念教学要下好三次功夫》	《小学数学教育》2019年第5期
潘媛媛	《低年级数学解决问题教学中的"三读"法》	《小学数学教育》2017年第23期
潘媛媛	《穿"旧鞋"走"新路"——聋校第六册数学教材与苏教版教材整合点滴谈》	《生活教育》2017年第8期
潘媛媛	《例说常用的数学思想方法》	《高中数学教与学》2014年第14期
潘媛媛	《如何提高低年级聋生的数学读题能力》	《数学学习与研究》2016年第22期

姓名	题目	杂志名称
潘媛媛	《让聋生在数学课堂上"公开行动"》	《数学学习与研究（教研版）》2016年第24期
平昌盛	《论聋校语文教学设计流程中存在的问题和解决策略》	《中国科教创新导刊》2012年第5期
平昌盛	《引领聋校教师专业发展的有效路径》	《南京特教学院学报》2011年第2期
李　彦	《培养聋校初中生阅读能力的有效步骤》	《新课程学习》2012年第9期
李　彦	《浅谈提高聋生沟通能力的有效途径》	《新课程学习（中）》2012年第9期
李　彦	《论促进聋生有效自主学习的教学策略》	《新课程》2012年第10期
李　玲	《有关聋校高中数学教学中的几点做法》	《新课程学习》2014年第18期
张　影	《有效课堂的四个特征——以聋校语文拼音教学为例》	《现代特殊教育》2014年第11期
张　莹	《聋校初中生作文语言"靓"化技巧》	《新课程（中学）》2014年第11期
袁海艳	《初中数学苏教版二次函数的教学实践》	《新课程（下）》2014年第6期
袁海艳	《新课程理念中的初中数学》	《新课程学习（上）》2014年第5期
王　岚	《浅谈融合音乐教育中的德育渗透》	《新课程学习》2014年第33期
靳　军	《略论聋生逆反心理康复》	《南京特师学报》1991年第3期
靳　军	《聋生几种典型心理初探》	《南京特师学报》1993年第1期
靳　军	《融合教育的听障儿童之课外辅导刍论》	《南京特教学院学报》2010年第2期
靳　军	《试谈感恩教育在视障学校的开展》	《现代特殊教育》2013年第3期
靳　军	《因势利导帮助听障学生记忆单词》	《小学时代》2014年第10期
靳　军	《情境教学助推视障英语课堂》	《新课程》2014年第23期
靳　军	《以养成教育为切入点促进视障学生全面发展》	《南京特教学院学报》2011年第2期
李维斯	《生存教育：聋校教育的新观念》	《现代特殊教育》2010年第10期
李维斯 甘小妹	《放飞沉默的梦想——江苏省徐州市特殊教育中心办学纪实》	《现代特殊教育》2010年第10期
李维斯	《聋生书面语缺陷成因分析及教育对策》	《中国教师》2011年第10期

姓名	题目	杂志名称
李维斯	《从语文教学谈聋生问题意识的培养》	《南京特教学院学报》2011年第1期
乔继法	《如何培养聋生抽象概括能力》	《中国新世纪文献》1999年第9期
乔继法	《浅谈比较法在聋校数学教学中的智能作用》	《南京特师学报》1993年第3期
乔继法	《让聋生感悟生活中的数学》	《中小学数学（小学版）》2004年第1期
乔继法	《彰显聋生个性，促进健康发展》	《南京特教学院学报》2011年第3期
王庆宝	《关注聋生行为训练养成良好行为习惯》	《南京特教学院学报》2011年第3期
王庆宝	《提高聋校低年级拼音教学有效性的策略研究》	《徐州教育科研》2011年第1期
吴世科	《双语教育理念下聋童第二语言教学的实践和思考》	《南京特教学院学报》2011年第3期
郑 权	《聋校校本特色网络学习资源开发策略》	《中国教育技术装备》2007年第1期
郑 权	《源于标准追求卓越——江苏省特殊教育合格学校建设侧记》	《中国现代教育装备》2011年第10期
郑 权	《信息时代成人移动学习研究》	《继续教育研究》2001年第12期
郑 权	《英特尔未来教育培训的困境与化解之道》	《中国当代教育装备》2001年第4期
郑 权 王 敏	《手语语料库建设的价值、内容及策略》	《中国教育信息化》2013年第5期
王 敏	《例谈娱教技术在聋生人物描写写作训练中的应用》	《中国教育信息化》2013年第6期
王 敏	《信息化环境下聋人书面语的学得与习得》	《中国听力语言康复科学》2014年第26期
朱金环 王 敏	《心理医生：班主任的新角色》	《现代特殊教育》2004年第4期
庄 玉	《96名听障学生颜色偏好的研究》	《中国校医》2011年第1期
庄 玉	《听障学生主观幸福感与社会支持现状调查》	《南京特教学院学报》2011年第1期

传承·探索·创新：徐州市特殊教育学校建校70年

姓名	题目	杂志名称
韩耸立	《特别的爱给特别的您》	《班主任之友》2000年第1期
韩耸立	《浅谈聋生积极主动学习数学的策略》	《江苏科技报》2011年第4250期
韩耸立	《小议聋校语文教学中问题意识的培养》	《江苏科技报》2011年第4252期
朱树林	《寻找被诱拐聋生的误区及其对策》	《南京特教学院学报》2011年第2期
朱树林	《聋校小学中高段语文阅读教学的几点思考》	《中国校外教育》2009年第9期
朱树林	《特殊教育学校的节水心得》	《环境教育》2014年第9期
朱树林	《对特殊学生用更多的爱》	《环境教育》2014年第11期
朱树林	《聋校小学中高段语文阅读教学的几点思考》	《教育界》2016年第2期
朱树林	《聋校环保教育校本教材开发研究的策略》	《环保教育》2019年第7期
苗 云	《研究性学习在语文教学中的实践与探索》	《江苏科技报》2011年第4356期
苗 云	《营造视觉情境，提升聋校语文教学有效性》	《小学教学参考》2016年第10期
苗 云	《取长补短，让聋校语文教学更有效》	《小学教学参考》2016年第7期
苗 云	《例谈聋校语文生活化教学》	《江西教育》2016年第5期
苗 云	《浅谈聋校语文教学中句子教学策略》	《新校园（中）》2016年第5期
魏 雪	《人教版初中古诗文诵读教学探究》	《语文天地》2016年第12期
张 军	《浅谈如何让律动走进盲校音乐课堂》	《徐州教育科研》2016年第1期
杨艳艳	《聋校英语课堂从"无声"到"有声"的蜕变》	《中学课程辅导》2016年第20期
李 军	《聋校数学高效课堂的构建原则和策略》	《新课程》2014年第10期
李 军	《分层作业在聋生小学数学中的实践应用》	《小学科学（下）》2016年第11期
凌 峰	《论小学语文教育游戏精神的回归》	《语文天地（小教）》2016年第12期
凌 峰	《浅议人教版小学语文教科书插图的问题和对策》	《学苑教育》2016年第22期
凌 峰	《小学语文课堂教学如何实现教学方法创新》	《课程教育研究》2016年第14期

姓名	题目	杂志名称
凌 峰	《小学语文课堂教学如何提高针对性》	《新教育时代》2016年第27期
王 伟	《特殊教育学校语文教学创新研究》	《吉林教育》2017年第34期
王 伟	《激情化教学在聋校高中语文教学中的运用》	《科学大众（科学教育）》2019年第4期
王 伟	《聋校文言文教学如何实现高效课堂》	《中国教师》2014年第10期
王 伟	《探析听障学生语文教学的有效行动策略》	《吉林教育》2014年第23期
王 伟	《在高中语文教学中如何关爱聋哑学生》	《华夏教师》2019年第2期
杜 娟	《运用多媒体促进盲生合唱教学的策略研究》	《科学导报》2019年第46期
李 艳	《自闭症谱系障碍儿童回声性言语干预述评》	《岭南师范学院学报》2019年第4期
刘 莉	《小学语文课堂教学中学生提问能力培养的策略》	《散文百家》2019年第1期
王 珊	《特教学校融合教学调查与融合教育发展展望》	《现代特殊教育》2016年第19期
王 珊	《听障学生低段美术教改探索》	《课程教育研究》2014年第1期
王 珊	《低年级美术融合教学之"美"的教育初探》	《中国校外教育》2014年第8期
王 珊	《美术融合教学模式下画树的情感创作与表现》	《课程教育研究》2016年第10期
王 珊 陈兴贵	《儿童科幻画创作的情感之浅谈》	《中华辞赋》2019年第6期

（二）获奖论文

获奖时间	姓名	题目	等级
2007年	李之刚	《让评价唤起聋生生活的勇气》	徐州市教育学会一等奖
2010年	平昌盛	《论听障学生沟通障碍的成因及对策》	江苏省特殊教育论文一等奖
2010年	郑 权	《特殊教育信息化资源建设的困境与出路》	江苏省特殊教育论文一等奖
2011年	平昌盛	《用可持续发展理念引领聋校教师专业发展的途径》	ESD项目全国一等奖

续 表

获奖时间	姓名	题目	等级
2013年	魏秀娟	《听障学生常见病句原因试析及矫正对策》	江苏省特殊教育论文一等奖
2013年	潘 莉	《学前融合班听障儿童课堂支持环境的构建》	江苏省特殊教育论文一等奖
2014年	平昌盛	《关注教学细节，提升聋校语文课堂品质》	全国特教论文评比一等奖

五、教科研成果

时间	名称	主持人	等级
1998—2001年	聋人双语双文化教学研究	赵锡安	省级
2007—2008年	聋校课堂探究性小组合作学习研究	李之刚	市级
2008—2009年	注意力不集中儿童李某某的行为矫正研究	邹冬梅	市级
2008—2009年	利用珠算提高视障学生计算速度和正确率策略研究	毕振侠	市级
2008—2009年	新课程背景下聋校美术课堂的教学实践与研究	张 荣	市级
2008—2009年	盲聋融合的体育课堂行动研究	赵美娟	市级
2009—2010年	听力障碍儿童英语单词记忆策略研究	靳 军	市级
2009—2010年	聋校低年级学生看话教学的研究	王书彦	市级
2009—2010年	聋校高年级语文改革教学中的词语教学研究	张 影	市级
2010—2011年	聋校教学语言有效性研究	靳 军	市级
2010—2011年	画信活动中培养聋生综合能力的研究	刘 斌	市级
2010—2011年	聋校中年级学生数学阅读能力的培养研究	潘媛媛	市级
2010—2011年	构建自主学习的体育课堂行动研究	赵美娟	市级
2010—2011年	培养三（1）班学生课外阅读兴趣的研究	邹冬梅	市级
2011—2012年	对视障学生进行感恩教育的研究	靳 军	市级
2011—2012年	聋校低年级学生基本学习习惯培养的研究	潘媛媛	市级

时间	名称	主持人	等级
2011—2012年	培养聋生自主学习能力与提高课堂教学效率关系的研究	乔继法	市级
2011—2012年	聋校初中学生心理辅导实施途径的研究	张 影	市级
2011—2012年	针对聋生陈某某进行的个别化教学研究	赵美娟	市级
2011—2012年	聋校七年级语文快乐教学实践研究	李维斯	市级
2011—2012年	本土资源在聋校剪纸教学中的有效指导研究	张 荣	市级
2012—2013年	视觉障碍网球教学的实验研究	赵美娟	市级
2013—2014年	视障学生高效性学习英语研究	靳 军	市级
2013—2014年	聋校小学语文校本教材体现构建研究	鲍红安	市级
2014—2015年	提高盲生节奏能力的研究	单小芳	市级
2014—2015年	从生活着手，提高中年级聋生说写能力的研究	李维斯	市级
2016—2017年	听障学生口语交际教学策略的实践研究	潘 莉	市级
2016—2017年	聋校六年级学生自主阅读习惯培养的研究	朱树林	市级
2017—2018年	低年级融合班级听障学生语文学习支持的个案研究	潘 莉	市级
2017—2018年	发挥特教资源中心作用，构建学前融合教育模式研究	李之刚	省级
2017—2018年	听障学生体育微课的开发与应用研究	赵美娟	市级
2018—2019年	听障中学生《学生体质健康标准》测试对比研究	赵美娟	市级
2018—2019年	聋校环保教育小学阶段校本教材开发研究	朱树林	市级
2018—2019年	培养视障九年级学生英语口语交际能力的研究	庄 玉	市级
2019—2020年	盲校初中物理"单元复习课"的实效性研究	单小芳	市级
2019—2020年	花样跳绳校本课程开发研究	赵美娟	市级
2013—2020年	特殊教育学校教学组织形式变革研究	鲍红安	省级

六、学生荣誉

（一）体育集体

年份	获奖内容	备注
1981年	江苏省第一届聋哑人运动会乒乓球团体总分第三名	徐州聋哑学校
1984年	江苏省伤残人运动会团体总分第二名	铜山聋哑学校
1985年	江苏省聋校田径运动会团体总分第三名	铜山聋哑学校
1985年	江苏省聋校游泳运动会团体总分第一名	徐州聋哑学校
1985年	江苏省聋校游泳运动会女子400米自由泳接力金牌	徐州聋哑学校
1986年	徐铜砀连篮球邀请赛第一名	铜山聋哑学校
1987年	徐州市伤残人运动会团体总分第一名	徐州聋哑学校
1995年	江苏省聋校田径运动会聋女子4×100米接力第二名	铜山第二聋哑学校
1997年	徐州市伤残人运动会团体总分第一名	徐州聋哑学校
2001年	铜山县中小学生田径运动会团体总分第六名	铜山聋哑学校
2002年	江苏省第六届残疾人运动会团体总分第二名	铜山聋哑学校
2002年	江苏省第六届残疾人运动会盲人门球第四名	铜山聋哑学校
2002年	江苏省第六届残疾人运动会T60级女子组4×100米第一名	
2004年	江苏省游泳锦标赛团体总分第四名	
2005年	徐州市特殊教育学校田径运动会团体总分第一名	
2005年	江苏省聋校田径运动会团体总分第三名	
2006年	全国聋人足球锦标赛第六名	
2006年	徐州市第六届残疾人运动会团体总分第一名	
2010年	徐州市中小学生田径运动会第八名	
2011年	德国聋人排球邀请赛银奖	
2013年	国际视障网球邀请赛银奖	
2013年	徐州市特殊教育学校田径运动会团体总分第一名	
2014年	江苏省第九届残疾人运动会T60级4×100米第三名	
2015年	徐州市学生阳光体育运动会跳长绳一等奖	
2016年	江苏省第七届全民健身运动会篮球锦标赛道德风尚奖	
2016年	江苏省第七届全民健身运动会篮球锦标赛第四名	

续　表

年份	获奖内容	备注
2016年	江苏省第七届全民健身运动会乒乓球锦标赛道德风尚奖	
2016年	徐州市特殊教育学校田径运动会团体总分第一名	
2016年	江苏省全民健身运动会篮球锦标赛第四名	
2016年	江苏省第十届残疾人运动会T60女子组4×100米接力第一名	
2018年	全国啦啦操冠军赛一等奖	
2019年	徐州市特殊教育学校趣味运动会第一名	
2019年	全国残疾人排舞大赛特等奖	

（二）体育个人

年份	姓名	获奖内容	备注
1984年	宋瑞华	江苏省第一届伤残人运动会女聋800米第一名	铜山聋哑学校
1984年	宋瑞华	江苏省第一届伤残人运动会女聋1500米第一名	铜山聋哑学校
1984年	宋瑞华	江苏省第一届伤残人运动会女聋5000米第一名	铜山聋哑学校
1984年	赵成阶	江苏省第一届伤残人运动会男聋800米第一名	铜山聋哑学校
1984年	赵成阶	江苏省第一届伤残人运动会男聋1500米第一名	铜山聋哑学校
1984年	于继秋	徐州市聋哑人田径邀请赛女子100米第一名	铜山聋哑学校
1984年	李夫军	徐州市聋哑人田径邀请赛男子400米第一名	铜山聋哑学校
1984年	宋瑞华	徐州市聋哑人田径邀请赛女子400米第一名	铜山聋哑学校
1984年	李夫军	徐州市聋哑人田径邀请赛男子1500米第一名	铜山聋哑学校
1984年	谢端松	徐州市聋哑人田径邀请赛男子跳高第一名	铜山聋哑学校
1984年	于继秋	徐州市聋哑人田径邀请赛女子跳远第一名	铜山聋哑学校
1984年	于继秋	江苏省聋校第一届田径运动会女子跳高第一名	铜山聋哑学校
1984年	于继秋	江苏省聋校第一届田径运动会女子跳远第一名	铜山聋哑学校
1985年	范秋宇	江苏省聋校游泳运动会100米女子自由泳金牌	徐州聋哑学校
1985年	范秋宇	江苏省聋校游泳运动会400米女子自由泳金牌	徐州聋哑学校
1985年	吴　松	江苏省聋校游泳运动会100米男子仰泳金牌	徐州聋哑学校
1987年	周淑珍	全国第二届伤残人运动会女聋100米自由泳金牌	徐州聋哑学校
1987年	周淑珍	全国第二届伤残人运动会女聋100米仰泳金牌	徐州聋哑学校
1987年	崔卫东	全国第二届伤残人运动会男聋100米仰泳金牌	徐州聋哑学校

年份	姓名	获奖内容	备注
1987年	崔卫东	全国第二届伤残人运动会男聋100米自由泳金牌	徐州聋哑学校
1987年	崔卫东	全国第二届伤残人运动会男聋100米蛙泳金牌	徐州聋哑学校
1989年	师勇敢	江苏省第三届伤残人运动会男聋1500米第一名	铜山聋哑学校
1989年	师勇敢	江苏省第三届伤残人运动会男聋5000米第一名	铜山聋哑学校
1995年	杨 蕾	江苏省第四届残疾人运动会女聋100米第一名	铜山第二聋哑学校
1995年	杨 蕾	江苏省第四届残疾人运动会女聋200米第一名	铜山第二聋哑学校
1995年	蒋 群	江苏省第四届残疾人运动会女聋铅球第三名	铜山第二聋哑学校
1995年	蒋 群	江苏省第四届残疾人运动会女聋铁饼第三名	铜山第二聋哑学校
1995年	张国防	江苏省第四届残疾人运动会男聋200米第三名	铜山第二聋哑学校
1995年	张国防	江苏省第四届残疾人运动会男聋100米第二名	铜山第二聋哑学校
1995年	张国防	江苏省第四届残疾人运动会男聋跳远第三名	铜山第二聋哑学校
1995年	厉洪文	江苏省第四届残疾人运动会男聋200米第四名	铜山聋哑学校
1995年	厉洪文	江苏省第四届残疾人运动会男聋400米第四名	铜山聋哑学校
1995年	厉洪文	江苏省第四届残疾人运动会男聋800米第二名	铜山聋哑学校
1995年	李晓芳	江苏省第四届残疾人运动会女聋跳远第一名	铜山第二聋哑学校
1995年	李晓芳	江苏省第四届残疾人运动会女聋800米第一名	铜山第二聋哑学校
1995年	杨 蕾	全国第四届残疾人运动会女聋200米第五名	铜山第二聋哑学校
1995年	杨 蕾	全国第四届残疾人运动会女聋100米第六名	铜山第二聋哑学校
1999年	杨 蕾	江苏省聋校田径运动会女聋100米第一名	铜山聋哑学校
1999年	杨 蕾	江苏省聋校田径运动会女聋200米第一名	铜山聋哑学校
1999年	杨 蕾	江苏省聋校田径运动会女聋400米第一名	铜山聋哑学校

年份	姓名	获奖内容	备注
1999年	张国防	江苏省聋校田径运动会男聋100米第三名	铜山聋哑学校
1999年	张国防	江苏省聋校田径运动会男聋200米第二名	铜山聋哑学校
1999年	张国防	江苏省聋校田径运动会男聋跳远第二名	铜山聋哑学校
1999年	蒋 群	江苏省聋校田径运动会女聋400米第二名	铜山聋哑学校
1999年	蒋 群	江苏省聋校田径运动会女聋铅球第二名	铜山聋哑学校
1999年	蒋 群	江苏省聋校田径运动会女聋铁饼第一名	铜山聋哑学校
1999年	孙 辉	江苏省聋校田径运动会男聋跳远第五名	铜山聋哑学校
1999年	孙 辉	江苏省聋校田径运动会男聋100米第六名	铜山聋哑学校
1999年	张 昊	江苏省聋校田径运动会男聋1500米第四名	铜山聋哑学校
1999年	邓海洋	江苏省聋校田径运动会男聋铅球第六名	铜山聋哑学校
1999年	张国防	江苏省第五届残疾人运动会男聋200米第二名	铜山聋哑学校
1999年	张国防	江苏省第五届残疾人运动会男聋800米第二名	铜山聋哑学校
1999年	杨 蕾	江苏省第五届残疾人运动会女聋100米第一名	铜山聋哑学校
1999年	杨 蕾	江苏省第五届残疾人运动会女聋800米第一名	铜山聋哑学校
1999年	杨 蕾	江苏省第五届残疾人运动会女聋跳远第一名	铜山聋哑学校
1999年	蒋 群	江苏省第五届残疾人运动会女聋800米第二名	铜山聋哑学校
1999年	蒋 群	江苏省第五届残疾人运动会女聋铅球第二名	铜山聋哑学校
1999年	郭冉冉	江苏省第五届残疾人运动会女聋200米第二名	铜山聋哑学校
1999年	郭冉冉	江苏省第五届残疾人运动会女聋跳远第三名	铜山聋哑学校
2002年	杨 蕾	江苏省第六届残疾人运动会T60级跳远第一名	
2002年	杨 蕾	江苏省第六届残疾人运动会T60级400米第一名	
2002年	李 亚	江苏省第六届残疾人运动会女聋T12级400米第一名	
2002年	张国防	江苏省第六届残疾人运动会T60级400米第三名	
2002年	张国防	江苏省第六届残疾人运动会T60级跳远第三名	
2002年	张国防	江苏省第六届残疾人运动会T60级200米第五名	
2002年	郭冉冉	江苏省第六届残疾人运动会T60级200米第一名	
2002年	郭冉冉	江苏省第六届残疾人运动会T60级跳远第二名	
2002年	蒋 群	江苏省第六届残疾人运动会T60级铅球第二名	

年份	姓名	获奖内容	备注
2002年	蒋 群	江苏省第六届残疾人运动会T60级800米第一名	
2003年	陈 腾	全国盲人锦标赛第一名（湖北）	
2003年	郭冉冉	全国第六届残疾人运动会T60级三级跳远第二名	
2003年	郭冉冉	全国第六届残疾人运动会T60级100米青年队第一名	
2003年	郭冉冉	全国第六届残疾人运动会T60级200米青年队第一名	
2003年	杨 蕾	全国第六届残疾人运动会T60级100米第一名	
2003年	杨 蕾	全国第六届残疾人运动会T60级200米第一名	
2003年	杨 蕾	全国第六届残疾人运动会T60级跳远第一名	
2003年	杨 蕾	全国第六届残疾人运动会T60级4×100米第一名	
2003年	杨 蕾	全国第六届残疾人运动会T60级4×400米第一名	
2003年	陈 腾	全国第六届残疾人运动会盲人门球第一名	
2004年	杨 蕾	全国聋人田径锦标赛T60级100米第一名	
2004年	杨 蕾	全国聋人田径锦标赛T60级200米第一名	
2004年	杨 蕾	全国聋人田径锦标赛T60级跳远第一名	
2004年	郭冉冉	全国聋人田径锦标赛T60级跳远第二名	
2004年	高克合	江苏省残疾人游泳锦标赛S13级100米蛙泳第一名	
2004年	高克合	江苏省残疾人游泳锦标赛S13级100米仰泳第一名	
2004年	高克合	江苏省残疾人游泳锦标赛S13级50米自由泳第一名	
2004年	李 亚	江苏省残疾人游泳锦标赛S12级100米自由泳第一名	
2004年	李 亚	江苏省残疾人游泳锦标赛S12级100米蛙泳第一名	
2004年	李 亚	江苏省残疾人游泳锦标赛S12级100米仰泳第一名	
2004年	徐 瑾	江苏省残疾人游泳锦标赛S12级50米蛙泳第一名	
2004年	徐 瑾	江苏省残疾人游泳锦标赛S12级100米蛙泳第二名	
2004年	徐 瑾	江苏省残疾人游泳锦标赛S12级100米自由泳第一名	
2004年	高 晴	江苏省残疾人游泳锦标赛S12级100米自由泳第二名	

续 表

年份	姓名	获奖内容	备注
2004年	高　晴	江苏省残疾人游泳锦标赛S12级50米自由泳第三名	
2004年	高　晴	江苏省残疾人游泳锦标赛S12级100米蛙泳第一名	
2004年	李　婉	江苏省残疾人游泳锦标赛S11级50米蛙泳第二名	
2004年	李　婉	江苏省残疾人游泳锦标赛S11级50米仰泳第三名	
2004年	高　瑾	江苏省残疾人游泳锦标赛S13级50米仰泳第一名	
2004年	高　瑾	江苏省残疾人游泳锦标赛S13级100米仰泳第三名	
2004年	高　瑾	江苏省残疾人游泳锦标赛S13级50米蛙泳第三名	
2005年	杨　蕾	世界聋人锦标赛T60级100米第五名	
2005年	杨　蕾	世界聋人锦标赛T60级200米第五名	
2005年	杨　蕾	世界聋人锦标赛T60级跳远第六名	
2005年	杨　蕾	世界聋人锦标赛T60级4×100米第五名	
2005年	杨　蕾	世界聋人锦标赛T60级4×400米第五名	
2005年	郭冉冉	江苏省残疾人田径锦标赛T60级100米第二名	
2005年	郭冉冉	江苏省残疾人田径锦标赛T60级200米第一名	
2005年	郭冉冉	江苏省残疾人田径锦标赛T60级400米第二名	
2005年	杨　蕾	江苏省残疾人田径锦标赛T60级100米第一名	
2005年	杨　蕾	江苏省残疾人田径锦标赛T60级400米第一名	
2005年	杨　蕾	江苏省残疾人田径锦标赛T60级跳远第一名	
2005年	高克合	江苏省残疾人田径锦标赛T13级5000米第三名	
2005年	高克合	江苏省残疾人田径锦标赛T13级800米第三名	
2005年	高克合	江苏省残疾人田径锦标赛T13级1500米第二名	
2005年	李　亚	江苏省残疾人田径锦标赛T12级100米第五名	
2005年	李　亚	江苏省残疾人田径锦标赛T12级跳远第三名	
2005年	董金革	江苏省残疾人田径锦标赛T60级1500米第一名	
2005年	董金革	江苏省残疾人田径锦标赛T60级800米第二名	
2005年	董金革	江苏省残疾人田径锦标赛T60级5000米第一名	
2005年	王　新	江苏省残疾人田径锦标赛T60级铅球第一名	
2005年	程　乐	江苏省残疾人田径锦标赛T13级100米第五名	
2006年	吕浩明	徐州市第六届残疾人运动会T60级铅球第三名	

年份	姓名	获奖内容	备注
2006年	刘 冲	徐州市第六届残疾人运动会T11级铅球第二名	
2006年	刘 冲	徐州市第六届残疾人运动会T11级200米第一名	
2006年	王 涛	徐州市第六届残疾人运动会T60级跳高第二名	
2006年	韩金玲	徐州市第六届残疾人运动会50米仰泳第三名	
2006年	杨 蕾	江苏省第七届残疾人运动会T60级100米第一名	
2006年	杨 蕾	江苏省第七届残疾人运动会T60级200米第一名	
2006年	杨 蕾	江苏省第七届残疾人运动会T60级跳远第一名	
2006年	杨 蕾	江苏省第七届残疾人运动会T60级4×100米第一名	
2006年	杨 蕾	江苏省第七届残疾人运动会T60级4×400米第一名	
2006年	郭冉冉	江苏省第七届残疾人运动会T60级跳远第二名	
2006年	郭冉冉	江苏省第七届残疾人运动会T60级4×400米第一名	
2006年	郭冉冉	江苏省第七届残疾人运动会T60级4×100米第一名	
2006年	郭冉冉	江苏省第七届残疾人运动会T60级三级跳远第一名	
2006年	韩芳芳	江苏省第七届残疾人运动会T60级100米第一名	
2006年	韩芳芳	江苏省第七届残疾人运动会T60级4×100米第二名	
2006年	韩芳芳	江苏省第七届残疾人运动会T60级4×400米第一名	
2006年	高克合	江苏省第七届残疾人运动会T13级1500米第二名	
2006年	高克合	江苏省第七届残疾人运动会T13级400米第二名	
2006年	徐 瑾	江苏省第七届残疾人运动会S12级100米自由泳第一名	
2006年	徐 瑾	江苏省第七届残疾人运动会S12级100米仰泳第一名	
2006年	王兴涛	江苏省第七届残疾人运动会T60级跳高第二名	
2007年	郭冉冉	全国第七届残疾人运动会T60级400米跨栏第一名	破纪录
2007年	郭冉冉	全国第七届残疾人运动会T60级跳远第一名	

年份	姓名	获奖内容	备注
2007年	郭冉冉	全国第七届残疾人运动会T60级三级跳远第一名	
2007年	杨 蕾	全国第七届残疾人运动会T60级4×400米第一名	
2007年	郭冉冉	全国第七届残疾人运动会T60级跳远第一名	
2007年	郭冉冉	全国第七届残疾人运动会T60级三级跳远第一名	
2007年	杨 蕾	全国第七届残疾人运动会T60级4×400米第一名	
2007年	杨 蕾	全国第七届残疾人运动会T60级4×100米第一名	
2007年	杨 蕾	全国第七届残疾人运动会T60级100米第一名	
2007年	杨 蕾	全国第七届残疾人运动会T60级200米第一名	
2007年	杨 蕾	全国第七届残疾人运动会T60级跳远第一名	
2008年	郭冉冉	全国聋人选拔赛T60级200米第一名	
2008年	郭冉冉	全国聋人选拔赛T60级400米第一名	
2008年	郭冉冉	全国聋人选拔赛T60级三级跳远第一名	
2008年	郭冉冉	全国聋人选拔赛T60级跳远第二名	
2009年	郭冉冉	第22届世界聋奥会T60级400米跨栏第二名（台湾）	
2009年	王兴涛	江苏省残疾人青年锦标赛T60级跳高第一名	
2009年	李永泉	江苏省残疾人青年锦标赛T60级铅球第四名	
2009年	李永泉	江苏省残疾人青年锦标赛T60级标枪第三名	
2009年	邱德彪	江苏省残疾人青年锦标赛F60级标枪第二名	
2009年	邱德彪	江苏省残疾人青年锦标赛F60级铅球第四名	
2009年	宋二洋	江苏省残疾人青年锦标赛F12级1500米第二名	
2009年	宋二洋	江苏省残疾人青年锦标赛F12级400米第四名	
2009年	黄嫚嫚	江苏省残疾人青年锦标赛F11级200米第二名	
2009年	黄嫚嫚	江苏省残疾人青年锦标赛F11级400米第一名	
2009年	董金革	江苏省残疾人青年锦标赛T60级1500米第二名	
2009年	董金革	江苏省残疾人青年锦标赛T60级5000米第二名	
2009年	周双双	江苏省残疾人青年锦标赛F12级400米第三名	
2009年	周双双	江苏省残疾人青年锦标赛F12级200米第五名	
2009年	宋海洋	江苏省残疾人青年锦标赛F11级200米第二名	
2009年	颜蒙蒙	江苏省残疾人青年锦标赛F11级200米第三名	

年份	姓名	获奖内容	备注
2009年	颜蒙蒙	江苏省残疾人青年锦标赛F11级100米第三名	
2010年	黄嫚嫚	江苏省第八届残疾人运动会F11级100米第三名	
2010年	黄嫚嫚	江苏省第八届残疾人运动会F11级200米第二名	
2010年	周双双	江苏省第八届残疾人运动会F11级200米第三名	
2010年	张维维	江苏省第八届残疾人运动会T46级跳远第一名	
2010年	高克合	江苏省第八届残疾人运动会F13级5000米第二名	
2010年	高克合	江苏省第八届残疾人运动会F13级1500米第二名	
2010年	高克合	江苏省第八届残疾人运动会F13级800米第二名	
2010年	杨 蕾	江苏省第八届残疾人运动会T60级100米第一名	
2010年	杨 蕾	江苏省第八届残疾人运动会T60级200米第一名	
2010年	杨 蕾	江苏省第八届残疾人运动会T60级跳远第一名	
2010年	郭冉冉	全国残疾人选拔赛T60级400米跨栏第三名	
2010年	郭冉冉	全国残疾人选拔赛T60级三级跳远第三名	
2010年	王 涛	徐州市中小学生运动会T60级跳高第一名	
2010年	丛潍坊	徐州市中小学生运动会T60级铅球第五名	
2010年	邱德彪	徐州市中小学生运动会T60级铅球第二名	
2010年	庄 庆	徐州市中小学生运动会T60级跳远第五名	
2011年	郭冉冉	全国第八届残疾人运动会T60级400米跨栏第一名	破纪录
2011年	郭冉冉	全国第八届残疾人运动会T60级4×100米第一名	
2011年	郭冉冉	全国第八届残疾人运动会T60级三级跳远第三名	
2011年	郭冉冉	全国第八届残疾人运动会T60级4×400米第三名	
2012年	丁文然	中日韩盲人网球三国邀请赛双打银奖	
2012年	徐 亮	中日韩盲人网球三国邀请赛双打银奖	
2012年	张棒楠	江苏省青少年游泳锦标赛SB15级100米自由泳第三名	
2012年	赵昌玉	江苏省青少年游泳锦标赛SB15级200米自由泳第四名	
2013年	郑 义	中日韩盲人网球三国邀请赛单打金奖	
2013年	陈 威	中日韩盲人网球三国邀请赛单打金奖	
2013年	刘 康	中日韩盲人网球三国邀请赛双打金奖	

年份	姓名	获奖内容	备注
2013年	董祥玉	中日韩盲人网球三国邀请赛双打金奖	
2013年	陈 威	江苏省残疾人田径锦标赛T13级200米第四名	
2013年	陈 威	江苏省残疾人田径锦标赛T13级跳远第一名	
2013年	王 瑞	江苏省残疾人田径锦标赛T35级200米第二名	
2013年	郑 义	江苏省残疾人田径锦标赛T13级200米第三名	
2013年	董祥玉	江苏省残疾人田径锦标赛T12级铅球第一名	
2013年	董祥玉	江苏省残疾人田径锦标赛T13级标枪第三名	
2013年	邱德彪	江苏省残疾人田径锦标赛F60级铅球第一名	
2013年	邱德彪	江苏省残疾人田径锦标赛F60级标枪第三名	
2013年	庄 庆	江苏省残疾人田径锦标赛T60级跳远第二名	
2013年	庄 庆	江苏省残疾人田径锦标赛F60级100米第二名	
2013年	陈川凤	江苏省残疾人田径锦标赛T60级200米第二名	
2013年	陈川凤	江苏省残疾人田径锦标赛T60级400米第一名	
2013年	张家祥	江苏省残疾人田径锦标赛T13级400米第四名	
2014年	赵红艳	江苏省第九届残疾人运动会T60级100米第四名	
2014年	赵红艳	江苏省第九届残疾人运动会T60级4×100米第二名	
2014年	赵红艳	江苏省第九届残疾人运动会T60级4×400米第一名	
2014年	王欣怡	江苏省第九届残疾人运动会T60级4×400米第一名	
2014年	王欣怡	江苏省第九届残疾人运动会T60级4×100米第二名	
2014年	王欣怡	江苏省第九届残疾人运动会T60级200米第五名	
2014年	王兴涛	江苏省第九届残疾人运动会T60级跳高第一名	
2014年	王兴涛	江苏省第九届残疾人运动会T60级跳远第三名	
2014年	王兴涛	江苏省第九届残疾人运动会T60级三级跳第三名	
2014年	韩 笑	江苏省第九届残疾人运动会T60级100米第六名	
2014年	朱佳磊	江苏省第九届残疾人运动会T60级跳高第四名	
2014年	唐光耀	江苏省第九届残疾人运动会T60级跳远第一名	

年份	姓名	获奖内容	备注
2014年	朱 婷	江苏省第九届残疾人运动会T12级跳远第四名	
2014年	朱 婷	江苏省第九届残疾人运动会T12级200米第二名	
2014年	朱 婷	江苏省第九届残疾人运动会T12级400米第三名	
2014年	邱德彪	江苏省第九届残疾人运动会T60级铅球第一名	
2014年	邱德彪	江苏省第九届残疾人运动会T60级铁饼第一名	
2014年	邱德彪	江苏省第九届残疾人运动会T60级标枪第五名	
2014年	陈川风	江苏省第九届残疾人运动会T60级400米第三名	
2014年	陈川风	江苏省第九届残疾人运动会T60级200米第二名	
2014年	陈川风	江苏省第九届残疾人运动会T60级100米第三名	
2014年	陈川风	江苏省第九届残疾人运动会T60级4×100米第二名	
2014年	陈川风	江苏省第九届残疾人运动会T60级4×400米第一名	
2014年	郭冉冉	江苏省第九届残疾人运动会T60级4×100米第二名	
2014年	郭冉冉	江苏省第九届残疾人运动会T60级4×400米第一名	
2014年	郭冉冉	江苏省第九届残疾人运动会T60级跳远第一名	
2014年	郭冉冉	江苏省第九届残疾人运动会T60级三级跳远第一名	
2014年	郭冉冉	江苏省第九届残疾人运动会T60级100米第二名	
2014年	高克合	江苏省第九届残疾人运动会T12级1500米第四名	
2014年	高克合	江苏省第九届残疾人运动会T12级800米第三名	
2014年	高克合	江苏省第九届残疾人运动会T12级5000米第三名	
2014年	姚 成	江苏省第九届残疾人运动会T12级400米第三名	
2015年	董祥玉	全国第九届残疾人运动会门球第五名	
2015年	郭冉冉	全国第九届残疾人运动会T60级200米第一名	
2015年	郭冉冉	全国第九届残疾人运动会T60级400米跨栏第一名	
2015年	邱德标	全国第九届残疾人运动会T60级铅球第一名	
2015年	邱德标	全国第九届残疾人运动会T60级铁饼第二名	

年份	姓名	获奖内容	备注
2015年	邱德标	全国第九届残疾人运动会T60级标枪第四名	
2016年	邱祥杰	江苏省第七届全民健身运动会F12级男子组铁饼第一名	
2016年	邱祥杰	江苏省第七届全民健身运动会F12级男子组铅球第一名	
2016年	李 旺	江苏省第七届全民健身运动会T12级男子组200米第二名	
2016年	李刚鑫	江苏省第七届全民健身运动会T12级男子组800米第三名	
2016年	李 旺	江苏省第七届全民健身运动会F12级男子组跳远第一名	
2016年	苏 康	江苏省第七届全民健身运动会T12级男子组100米第四名	
2016年	苏 康	江苏省第七届全民健身运动会F13级男子组跳远第一名	
2016年	陈 威	江苏省第七届全民健身运动会T13级男子组100米第一名	
2016年	陈 威	江苏省第七届全民健身运动会F13级男子组跳远第一名	
2016年	王 颖	江苏省第七届全民健身运动会T11级女子组100米第一名	
2016年	王 颖	江苏省第七届全民健身运动会T11级女子组200米第一名	
2016年	宋海莹	江苏省第七届全民健身运动会T12级女子组100米第二名	
2016年	宋海莹	江苏省第七届全民健身运动会T12级女子组200米第一名	
2016年	黄天缘	江苏省第七届全民健身运动会F11级男子组100米第二名	
2016年	黄天缘	江苏省第七届全民健身运动会T11级男子组200米第二名	
2016年	罗 可	江苏省第七届全民健身运动会T60级男子组标枪第五名	

传承·探索·创新：徐州市特殊教育学校建校**70**年

年份	姓名	获奖内容	备注
2016年	唐光耀	江苏省第七届全民健身运动会T60级男子组跳远第一名	
2016年	唐光耀	江苏省第七届全民健身运动会T60级男子组100米第二名	
2016年	王 瑞	江苏省第七届全民健身运动会T37级男子组100米第二名	
2016年	梁 楠	江苏省第七届全民健身运动会T60级男子组1500米第二名	
2016年	梁 楠	江苏省第七届全民健身运动会T60级男子组800米第一名	
2016年	葛梦丹	江苏省第七届全民健身运动会T60级女子组100米第一名	
2016年	葛梦丹	江苏省第七届全民健身运动会T60级女子组200米第一名	
2016年	郑 琦	江苏省第七届全民健身运动会T11级男子组100米第三名	
2017年	葛梦丹	江苏省残疾人田径锦标赛T60级200米第一名	
2017年	葛梦丹	江苏省残疾人田径锦标赛T60级100米第三名	
2017年	葛梦丹	江苏省残疾人田径锦标赛T60级400米第二名	
2017年	陈川风	江苏省残疾人田径锦标赛T60级100米第二名	
2017年	陈川风	江苏省残疾人田径锦标赛T60级200米第二名	
2017年	陈川风	江苏省残疾人田径锦标赛T60级400米第一名	
2017年	王 颖	江苏省残疾人田径锦标赛12级200米第二名	
2017年	王 颖	江苏省残疾人田径锦标赛12级100米第二名	
2017年	董祥玉	江苏省残疾人田径锦标赛12级标枪第一名	
2017年	董祥玉	江苏省残疾人田径锦标赛12级铅球第一名	
2017年	宋海莹	江苏省残疾人田径锦标赛12级200米第三名	
2017年	唐光耀	江苏省残疾人田径锦标赛T60级跳远第一名	
2017年	陈 威	江苏省残疾人田径锦标赛T13级跳远第一名	
2017年	陈 威	江苏省残疾人田径锦标赛T13级100米第一名	
2017年	黄天缘	江苏省残疾人田径锦标赛T11级400米第三名	

年份	姓名	获奖内容	备注
2017年	唐光耀	江苏省残疾人田径锦标赛T60级三级跳远第三名	
2017年	董祥玉	全国盲人门球锦标赛第四名	
2017年	宋海莹	全国盲人门球锦标赛第四名	
2017年	周庆庆	江苏省第十届残疾人运动会盲人跳绳（低视力组）第一名	
2017年	周庆庆	江苏省第十届残疾人运动会盲人跳绳（双人组）第一名	
2017年	黄天缘	江苏省第十届残疾人运动会盲人跳绳（双人组）第一名	
2017年	黄天缘	江苏省第十届残疾人运动会盲人跳绳（全盲组）第二名	
2017年	张莹莹	江苏省第十届残疾人运动会盲人跳绳（全盲组）第二名	
2017年	王　颖	江苏省第十届残疾人运动会盲人跳绳（低视力组）第一名	
2017年	董祥玉	江苏省第十届残疾人运动会F12男子组铁饼第一名	
2017年	董祥玉	江苏省第十届残疾人运动会F12男子组标枪第三名	
2017年	赵滢滢	江苏省第十届残疾人运动会F60女子组铁饼第三名	
2017年	唐光耀	江苏省第十届残疾人运动会T60男子组4×400米第三名	
2017年	朱佳磊	江苏省第十届残疾人运动会T60男子组4×400米第三名	
2017年	刘子萱	江苏省第十届残疾人运动会T60男子组4×400米第三名	
2017年	陈天文	江苏省第十届残疾人运动会T60男子组4×400米第三名	
2017年	陈川凤	江苏省第十届残疾人运动会T60女子组400米第二名	

年份	姓名	获奖内容	备注
2017年	陈川风	江苏省第十届残疾人运动会T60女子组200米第二名	
2017年	陈川风	江苏省第十届残疾人运动会T60女子组100米第二名	
2017年	葛梦丹	江苏省第十届残疾人运动会T60女子组100米第四名	
2017年	葛梦丹	江苏省第十届残疾人运动会T60女子组200米第三名	
2017年	葛梦丹	江苏省第十届残疾人运动会T60女子组400米第三名	
2017年	朱佳磊	江苏省第十届残疾人运动会T60男子组110米栏第二名	
2017年	邱德彪	江苏省第十届残疾人运动会T60男子组铅球第一名	
2017年	邱德彪	江苏省第十届残疾人运动会T60男子组铁饼第二名	
2017年	邱德彪	江苏省第十届残疾人运动会T60男子组标枪第五名	
2017年	刘子萱	江苏省第十届残疾人运动会T60男子组110米栏第三名	
2017年	黄艳雨	江苏省第十届残疾人运动会T60女子组400米第五名	
2017年	黄艳雨	江苏省第十届残疾人运动会T60女子组800米第二名	

（三）艺术类集体

年份	名称	备注
1978年	徐州市教育局文艺会演诗朗诵《聋哑人享受着党的阳光》创作演出奖	徐州聋哑学校
1991年	铜山县聋哑学校《聋童的心声》在徐州市彭城剧场公演	
1993年	舞蹈《丰收的喜悦》获市残疾人汇演一等奖	铜山第二聋哑学校

年份	名称	备注
1995年	徐州市聋哑学校腰鼓队获全市中学生舞蹈汇演特别奖	铜山聋哑学校
1997年	铜山县"金秋杯"文艺汇演优秀奖	铜山聋哑学校
1998年	铜山县教育局文艺汇演优秀奖	铜山聋哑学校
2007年	徐州市残疾人广播艺术团,被评为"感动徐州人物"集体奖	
2008年	宋永强、董凯、李妍、程铖参加2008年残疾人奥运会开幕式演出	
2010年	2010年第十届故事大王大赛优秀组织奖	
2018年	《追梦》《化蝶》徐州市第五届中小学艺术展演第三名	
2018年	百名师生《德润彭城》经典诵读一等奖	
2018年	徐州市中小学艺术展演组织奖	

(四)艺术类个人

年份	姓名	获奖内容	备注
2010年	王洋等	淮海经济区首届机器人大赛一等奖	
2011年	邵明浩	第三届书法大赛(徐州赛区)金奖	
2011年	孙一丹	徐州市迎"六一"庆"七一"书画大赛美术作品特等奖	
2011年	邵明浩	徐州市迎"六一"庆"七一"书画大赛书法作品特等奖	
2011年	邵明浩	第四届全国规范汉字书写大赛二等奖	
2014年	杨天明	剪纸《神镜》获2014中美青少年艺术作品交流展一等奖	
2014年	姚廓宇	剪纸《爱的天使》获中美青少年艺术作品交流展三等奖	
2014年	孟子潇	徐州市中小学生才艺比赛二等奖	
2014年	王 帅	徐州市中小学生才艺比赛优秀奖	
2015年	张家祥	省盲校学生"诵读经典 品味书香"古诗文大赛中学组金奖	
2015年	孟子潇	省盲校学生"诵读经典 品味书香"古诗文大赛小学组金奖	
2015年	徐琳钰	《欢度泼水节》第五届中小学生艺术展演获绘画比赛金奖	
2019年	孔鑫阳	宜兴国际标准舞拉丁舞11～14岁双人舞蹈第一名	
2019年	孔鑫阳	宜兴国际标准舞个人拉丁舞第二名	

七、历届学生高考录取名单

姓名	录取时间	录取学校	本专科
张国庆	1994年	长春大学特殊教育学院	专科
付前进	1997年	南京金陵科技学院	专科
刘 斌	1998年	长春大学特殊教育学院	本科
赵艳会	1998年	南京金陵科技学院	专科
张晓军	1998年	南京金陵科技学院	专科
刘 鹏	1998年	南京金陵科技学院	专科
朱东响	1999年	南京金陵科技学院	专科
朱 蕊	1999年	天津理工大学聋人工学院	本科
尹宪龙	1999年	天津理工大学聋人工学院	本科
刘晨伟	1999年	南京金陵科技学院	专科
马 峰	2000年	天津理工大学聋人工学院	本科
索菲菲	2002年	南京金陵科技学院	专科
寇 冉	2002年	南京金陵科技学院	专科
吴 亭	2002年	南京金陵科技学院	专科
金维维	2003年	南京金陵科技学院	本科
赵 冉	2003年	天津理工大学聋人工学院	本科
贺炎夏	2004年	南京金陵科技学院	本科
宋永振	2004年	南京金陵科技学院	本科
高 峰	2004年	南京金陵科技学院	本科
刘 飞	2004年	南京金陵科技学院	本科
宋永强	2004年	北京联合大学特殊教育学院	专科
董凯	2004年	北京联合大学特殊教育学院	专科
邵祥瑞	2004年	郑州中州大学艺术教育学院	专科
夏 华	2004年	郑州中州大学艺术教育学院	专科
陈江枫	2005年	南京金陵科技学院	本科
李 昂	2005年	南京金陵科技学院	本科
徐 源	2005年	北京联合大学特殊教育学院	专科
李 鑫	2005年	西安美术学院特殊教育学院	专科

姓名	录取时间	录取学校	本专科
王 雪	2005年	郑州中州大学艺术教育学院	专科
陈 旭	2005年	北京联合大学特殊教育学院	专科
陈冰雪	2006年	郑州中州大学艺术教育学院	专科
伏 昌	2006年	郑州中州大学艺术教育学院	专科
罗佩卿	2007年	北京联合大学特殊教育学院	专科
于 祥	2008年	南京金陵科技学院	本科
刘怀堂	2008年	南京金陵科技学院	本科
汪 涵	2008年	南京金陵科技学院	本科
张敬彬	2008年	南京金陵科技学院	本科
任晓明	2008年	长春大学特殊教育学院	本科
翟海明	2008年	北京联合大学特殊教育学院	专科
王 斯	2008年	郑州中州大学艺术教育学院	专科
李 倩	2008年	郑州中州大学艺术教育学院	专科
范小虎	2008年	郑州中州大学艺术教育学院	专科
高 刚	2008年	郑州中州大学艺术教育学院	专科
伏 晓	2008年	郑州中州大学艺术教育学院	专科
温海生	2008年	南京金陵科技学院	专科
陈昌棣	2008年	南京金陵科技学院	专科
李善志	2008年	北京联合大学特殊教育学院	专科
韩明珠	2009年	南京特殊教育职业技术学院	专科
王雪萍	2009年	郑州中州大学艺术教育学院	专科
胡晓二	2009年	南京特殊教育职业技术学院	专科
王 熙	2009年	南京特殊教育职业技术学院	专科
贺春艳	2009年	南京特殊教育职业技术学院	专科
徐方方	2009年	南京特殊教育职业技术学院	专科
陈世波	2009年	南京特殊教育职业技术学院	专科
李红磊	2009年	南京特殊教育职业技术学院	专科
刘忠新	2009年	南京金陵科技学院	专科
王明明	2009年	南京金陵科技学院	专科
李盼盼	2009年	北京联合大学特殊教育学院	专科

姓名	录取时间	录取学校	本专科
张大伟	2009年	南京特殊教育职业技术学院	专科
孙　姝	2009年	南京特殊教育职业技术学院	专科
冯青青	2009年	郑州中州大学艺术教育学院	专科
李高飞	2010年	天津理工大学聋人工学院	本科
王　倩	2010年	天津理工大学聋人工学院	本科
张　通	2010年	天津理工大学聋人工学院	本科
李智永	2010年	长春大学特殊教育学院	本科
柴海军	2010年	南京金陵科技学院	本科
李　文	2010年	郑州中州大学艺术教育学院	专科
张　冲	2010年	南京特殊教育职业技术学院	专科
韩明珠	2010年	南京特殊教育职业技术学院	专科
尚　炎	2010年	南京特殊教育职业技术学院	专科
王　熙	2010年	南京特殊教育职业技术学院	专科
颜蒙蒙	2010年	山东特殊教育职业技术学院	专科
高海峰	2010年	山东特殊教育职业技术学院	专科
闫成才	2010年	山东特殊教育职业技术学院	专科
黄维朋	2011年	北京联合大学特殊教育学院	本科
梁梦梦	2011年	北京联合大学特殊教育学院	本科
乔　辉	2011年	北京联合大学特殊教育学院	专科
齐　凡	2011年	北京联合大学特殊教育学院	专科
汪　洋	2011年	天津理工大学聋人工学院	本科
李昱江	2011年	北京联合大学特殊教育学院	本科
刘　放	2011年	南京特殊教育职业技术学院	专科
王凯凯	2011年	南京金陵科技学院	本科
邓　涵	2011年	南京金陵科技学院	本科
李　淦	2011年	南京金陵科技学院	本科
宋海洋	2011年	山东特殊教育职业技术学院	专科
宋二洋	2011年	山东特殊教育职业技术学院	专科
周双双	2011年	山东特殊教育职业技术学院	专科
吴　庆	2011年	山东特殊教育职业技术学院	专科

姓名	录取时间	录取学校	本专科
李　林	2011年	山东特殊教育职业技术学院	专科
张　珂	2011年	山东特殊教育职业技术学院	专科
闫飞飞	2011年	山东特殊教育职业技术学院	专科
朱　龙	2011年	山东特殊教育职业技术学院	专科
李盼盼	2012年	南京特殊教育职业技术学院	专科
李大欣	2012年	南京特殊教育职业技术学院	专科
程培瑞	2012年	南京特殊教育职业技术学院	专科
王　维	2012年	南京特殊教育职业技术学院	专科
谢梦梦	2012年	南京特殊教育职业技术学院	专科
田　晨	2012年	北京联合大学特殊教育学院	本科
王昌芝	2012年	北京联合大学特殊教育学院	本科
陈　来	2012年	北京联合大学特殊教育学院	本科
刘承承	2012年	南京金陵科技学院	本科
陈培良	2012年	山东特殊教育职业技术学院	专科
刘　璐	2012年	山东特殊教育职业技术学院	专科
杨敬宇	2012年	山东特殊教育职业技术学院	专科
邱德彪	2013年	南京特殊教育职业技术学院	专科
陈广东	2013年	南京特殊教育职业技术学院	专科
张棒棒	2013年	南京特殊教育职业技术学院	专科
孙雪权	2013年	南京特殊教育职业技术学院	专科
蔡武晓	2013年	南京特殊教育职业技术学院	专科
王兴涛	2013年	南京特殊教育职业技术学院	专科
雷雨蒙	2013年	南京特殊教育职业技术学院	专科
刘　艳	2013年	南京特殊教育职业技术学院	专科
许　莉	2013年	南京特殊教育职业技术学院	专科
葛春景	2013年	南京特殊教育职业技术学院	专科
张　婷	2013年	北京联合大学特殊教育学院	本科
赵　娟	2013年	北京联合大学特殊教育学院	本科
李梦熠	2013年	天津理工大学聋人工学院	本科
孙　状	2013年	郑州师范学院特殊教育学院	本科

姓名	录取时间	录取学校	本专科
魏 鹏	2013年	郑州师范学院特殊教育学院	本科
李昕悦	2013年	郑州师范学院特殊教育学院	专科
丁文冉	2013年	山东特殊教育职业技术学院	专科
徐 亮	2013年	山东特殊教育职业技术学院	专科
杜 江	2014年	天津理工大学聋人工学院	本科
韦玉祥	2014年	南京特殊教育职业技术学院	专科
赵昌玉	2014年	南京特殊教育职业技术学院	专科
郭 聪	2014年	南京特殊教育职业技术学院	专科
李强强	2014年	南京特殊教育职业技术学院	专科
张灿灿	2014年	南京特殊教育职业技术学院	专科
韩 笑	2014年	南京特殊教育职业技术学院	专科
张棒楠	2014年	南京特殊教育职业技术学院	专科
孔淑书	2014年	南京特殊教育职业技术学院	专科
葛 年	2014年	山东特殊教育职业技术学院	专科
伊 滕	2015年	南京特殊教育师范学院	专科
张佳琦	2015年	南京特殊教育师范学院	专科
王碧珠	2015年	南京特殊教育师范学院	专科
刘心心	2015年	南京特殊教育师范学院	专科
胡倩倩	2015年	南京特殊教育师范学院	专科
仝 颂	2015年	南京特殊教育师范学院	专科
邵明浩	2015年	郑州师范学院特殊教育学院	本科
朱成前	2015年	郑州师范学院特殊教育学院	本科
王 朝	2015年	长春大学特殊教育学院	本科
胡阿满	2015年	天津理工大学聋人工学院	本科
朱洋凯	2015年	南京金陵科技学院	本科
仝雅鸣	2015年	南京金陵科技学院	本科
戚明翰	2015年	山东特殊教育职业技术学院	专科
杜 慧	2016年	郑州中州大学艺术教育学院	专科
翟 亮	2016年	郑州中州大学艺术教育学院	专科
许赛东	2016年	郑州中州大学艺术教育学院	专科

姓名	录取时间	录取学校	本专科
边 凯	2016年	郑州中州大学艺术教育学院	专科
房世飞	2016年	郑州中州大学艺术教育学院	专科
高 强	2016年	南京金陵科技学院	本科
庄 顺	2016年	南京特殊教育师范学院	专科
宋 珂	2016年	南京特殊教育师范学院	专科
张 瑜	2016年	南京特殊教育师范学院	专科
王欣怡	2016年	南京特殊教育师范学院	专科
张 哲	2016年	南京特殊教育师范学院	专科
程增情	2016年	山东特殊教育职业技术学院	专科
李 园	2016年	山东特殊教育职业技术学院	专科
李 铜	2017年	南京金陵科技学院	本科
王 航	2017年	南京金陵科技学院	本科
王世浩	2017年	长春大学特殊教育学院	本科
冉会然	2017年	长春大学特殊教育学院	本科
杨 欢	2017年	郑州师范学院特殊教育学院	本科
宋前前	2017年	郑州工程技术学院	专科
潘小玉	2017年	浙江特殊教育职业技术学院	专科
梁 楠	2017年	浙江特殊教育职业技术学院	专科
何梦迎	2017年	南京特殊教育师范学院	专科
纵艳芳	2017年	南京特殊教育师范学院	专科
胡昕怡	2018年	浙江特殊教育职业学院	专科
司 颖	2018年	浙江特殊教育职业学院	专科
许 仝	2018年	浙江特殊教育职业学院	专科
李美衡	2018年	长春大学特殊教育学院	本科
杨慧锋	2018年	长春大学特殊教育学院	本科
李 爽	2018年	南京特殊教育师范学院	专科
刘梦迪	2018年	郑州中州大学艺术教育学院	专科
邱长江	2018年	郑州中州大学艺术教育学院	本科
渠瑶瑶	2018年	郑州中州大学艺术教育学院	专科
宋兆麟	2018年	郑州中州大学艺术教育学院	本科

姓名	录取时间	录取学校	本专科
吴丽艳	2018年	郑州师范学院特殊教育学院	专科
许鑫湄	2018年	郑州师范学院特殊教育学院	专科
张文清	2018年	郑州师范学院特殊教育学院	专科
张辰贺	2019年	山东特殊教育职业技术学院	专科
蒋雨成	2019年	山东特殊教育职业技术学院	专科
许轩铭	2019年	山东特殊教育职业技术学院	专科
朱康生	2019年	山东特殊教育职业技术学院	专科
赵思凡	2019年	山东特殊教育职业技术学院	专科
陈天文	2019年	山东特殊教育职业技术学院	专科
陈欣雨	2019年	山东特殊教育职业技术学院	专科
吴思莹	2019年	山东特殊教育职业技术学院	专科
王瑞	2019年	山东特殊教育职业技术学院	专科
史云旭	2019年	山东特殊教育职业技术学院	专科
周紫薇	2019年	山东特殊教育职业技术学院	专科
秦忠	2019年	山东特殊教育职业技术学院	专科
龚俊刚	2019年	山东特殊教育职业技术学院	专科
葛大虎	2019年	山东特殊教育职业技术学院	专科
朱雨薇	2019年	浙江特殊教育职业学院	专科
江云帆	2019年	浙江特殊教育职业学院	专科
李馨	2019年	浙江特殊教育职业学院	专科
邱雨	2019年	浙江特殊教育职业学院	专科
彭慧娴	2019年	浙江特殊教育职业学院	专科
梁源	2019年	长春大学特殊教育学院	本科
何新	2019年	长沙职业技术学院	专科
马燕	2019年	郑州工程技术学院	专科
毛藜雯	2019年	郑州工程技术学院	专科
陈威	2019年	河南推拿职业技术学院	专科
魏长虎	2019年	河南推拿职业技术学院	专科
李旺	2019年	南京中医药大学	本科

参 考 文 献

［1］张明，高长生，柯巍，等.特殊教育词典［M］.吉林：吉林人民出版社，1993.

［2］朴永馨，顾定倩.特殊教育词典［M］.2版.北京：华夏出版社，2006.

［3］王悦，雷欢月洋.徐州市聋哑教育事业初探：1949—1985［J］.赤子（上中旬），2015（22）.

［4］赵锡安.铜山聋哑学校校志（1976—1990）.

［5］张永和.徐州市聋哑学校校志（1950—1986）.

［6］朱树林.徐州市特殊教育中心、铜山县聋哑学校校志（1950—2000）.

［7］徐州市特殊教育中心校庆组委会.六十年庆典、六十年辉煌.

［8］阮晓玲.现代特殊教育精品论文集（聋教育专集）［C］.南京：南京大学出版社，2015.

［9］徐州市聋哑学校规章制度全员岗位职责汇编［G］.1992.

［10］铜山县聋哑学校.学校管理手册［Z］.1999.

［11］铜山县聋哑学校.学校管理手册［Z］.2005.

后　　记

　　根据徐州市特殊教育学校建校70周年组委会的要求，在学校党总支和校长室的领导下，经过近一年的论证、收集、编写，《传承·探索·创新：徐州市特殊教育学校建校70年》书稿终于完成了。

　　编写这本具有史志性质的书籍，其目的有以下几个方面：

　　一是梳理建校70年这条脉络，从1950年聋哑私塾写起，这是徐州市聋人教育的起点，经过1956年政府接管、1984年地市合并更名，到1976年铜山聋哑学校创建、1989年铜山第二聋哑学校建立、1996年铜山两所聋哑学校合并，再到2000年徐州市聋哑学校与铜山县聋哑学校联合办学、2012年徐州市特殊教育学校成立，70年的历史清楚地再现在我们面前。

　　二是通过本书让后人了解徐州市特殊教育学校发展的整个过程，看到了建校初期的艰辛，改革开放带来的动力，以及进入21世纪之后，徐州市特殊教育学校所创造的辉煌。正是由于一代又一代特殊教育工作者的辛勤耕耘，学校才能一步步发展壮大。一块块奖牌、一枚枚奖章，证明了徐州特教人忠诚党的教育事业，为徐州市特殊教育的发展做出的贡献。

　　三是按照建校历史总结徐州市特殊教育所取得的经验与成绩，让这些经验和成绩继续发挥作用。2009年，学校被教育部、民政部、中国残联表彰为全国特殊教育先进单位，2012年，我校被国务院表彰为全国"两基"工作先进单位，这是受到表彰的"两基"工作先进单位中唯一一所特殊教育学校。这些成绩已经成为徐州特殊教育发展史上的宝贵财产，而成绩昭示着后人将沿着老一辈特教人开拓的道路继续前进。

　　一代又一代徐州特教人为特殊教育事业呕心沥血，用心去传承、去探索，为特殊教育事业付出了努力，而新一代特教人正在接过属于他们的责任，开拓创新，继续前进！